Janis Joplin

Beiträge zur POPulären Musik

Gottfried Blumenstein

Janis Joplin

Biographie
einer Rocksängerin

Lied der Zeit
Musikverlag Berlin
1988

ISBN 3-7332-0040-3

1. Auflage
© 1988 by VEB Lied der Zeit, Musikverlag, Berlin
Lizenz-Nr. 419-440/A10/88 · LSV 8384 · Bestell-Nr. 521 253 3
Lektor: Sabine Tuch
Einband: Winfried Turnhofer und Frank Schneider
Gesamtgestaltung: Frank Schneider
Printed in the German Democratic Republic
Satz: Druckerei Neues Deutschland, Berlin
Druck: Druckhaus Aufwärts, Leipzig III/18/20-334/88
Schrift: 9/9/11 p Holsatia, Digiset
00900

INHALTSVERZEICHNIS

> „Ich glaube,
> Janis starb an einer Überdosis Janis."
> Eric Burdon

VORWORT

In der Geschichte der populären Musik nimmt die amerikanische Sängerin Janis Joplin einen ganz besonderen Platz ein. Sie war *die* weiße Bluessängerin: Janis Joplin sang den Blues mit solcher Intensität, wie es noch nie eine weiße Sängerin vermocht hatte. Sie lebte den Blues, war trotz aller Erfolge und des großen Jubels um ihre Person unglücklich und lag mit der Welt und mit sich selbst in einer dauernden Fehde. Und sie starb den Blues – wie Bessie Smith, Billie Holiday und Dinah Washington brachte sie sich durch einen ausschweifenden Lebenswandel, mit Alkohol und Rauschgift jeden Tag ein Stück mehr um.

Eines ihrer schönsten und traurigsten Lieder war der *Kozmic Blues*, in dem all das zusammengefaßt ist, was ihr Leben so schwer machte. Vor aller Augen und Ohren breitete sie die Geschichte ihrer unerfüllbaren Sehnsüchte aus:

Als ich ein Kind war, sagte man mir immer: »Jetzt bist du unglücklich, weil du durch die Pubertät gehst, sobald du erwachsen bist, wird alles gut.« Ich glaubte das wirklich, weißt du. Oder: »Sobald du erwachsen bist und den richtigen Mann gefunden hast«, oder wenn ich jemanden hätte, der mich bumst, oder wenn ich nur etwas Kohle zusammenkratzen könnte, käme alles in Ordnung. Und dann, eines Tages, wurde mir schließlich klar, daß es niemals in Ordnung sein würde, es ist immer etwas falsch... Ich bin ein weißes Mädchen aus der Mittelklasse, aus einer Familie, die mich ins College schicken wollte, aber ich wollte nicht. Ich hatte einen Job, aber er machte mir keinen Spaß. Ich hatte es leicht... und eines Tages erkannte ich blitzar-

tig, daß es nicht nur ein vorübergehendes Tief war, das eines Tages vorbei sein würde, sondern ich wußte, das ist in meinem ganzen Leben so. *Du wirst nie diesen verdammten Zipfel zu fassen kriegen, Mann, und das ist dann der* Kozmic Blues, *weil du ihn niemals kriegst.*[1]

Ihre Gefühle waren zu übermächtig, ihre Wünsche zu rigoros und ihre Sehnsüchte zu verwirrend. Sie wollte alles (Doors-Sänger Jim Morrison sang: »We want the world, and we want it now!«), doch das, was sie wirklich bekam, machte sie nur noch unglücklicher und depressiver. Aber sie kämpfte gegen ihre Depressionen an, in erster Linie mit ihrem Gesang, der in seinen erregendsten Momenten wie ein wütender Angriffsschrei auf all ihren Kummer aus ihr hervorbrach. In ihrem Alltagsleben zeigte sie sich, wenn man sich auf die Aussagen von Zeitgenossen stützt, als zunehmend schwieriger Charakter: »Vom klinisch-psychologischen Standpunkt aus handelte es sich um eine extrem geltungssüchtige, leistungsehrgeizige, bindungsunfähige und reizhungrige Persönlichkeit, die unter ihrer eigenen Persönlichkeit litt und wohl auch andere leiden machte.« (Jürgen Mehl)

Janis Joplins Lebensweise war selbstzerstörerisch. Sie war sich dessen durchaus bewußt und konnte darüber mit sezierender Schärfe und Klarheit sprechen, aber diese Erkenntnisse halfen ihr nichts. Sie war ein gespaltener Mensch, gleichsam symbolisiert durch ihren eigenen Namen, der ja vom doppelgesichtigen römischen Gott Janus abgeleitet ist. »Die Spaltung des Ich«, schrieb einst der österreichische Dichter Hugo von Hofmannsthal, »scheint die Daseinsform des reproduzierbaren Genies zu sein.« Janis Joplin war ein geradezu erschreckend beeindruckender Beweis für diese Vermutung. Ihre überragende Fähigkeit, auf der Bühne auszudrücken, was ihr im wirklichen Leben versagt blieb, kennzeichnet sie als eine große Künstlerin. Sie steht auf einer Stufe mit Bessie Smith, Judy Garland oder Edith Piaf.

Janis Joplin hat im Bereich der populären Musik – die immer in Gefahr stand, normierte und gefühllose Klangschablonen herzustellen und massenhaft zu verbreiten, und wohl heute mehr und mehr dieser Gefahr zu erliegen scheint – die Fahne der schöpferischen Emotionalität hochgehalten. Darin konnte sich

nur Jimi Hendrix, dessen Leben und Karriere in ähnlich verwirrenden Bahnen ablief, mit ihr messen. Was die Verkörperung der Geschichte ihrer Generation – die man überschwenglich die *flower power generation* genannt hat – betrifft, war sie eine ihrer wichtigsten Symbolfiguren. Ihre Rolle als Frau im Musikgeschäft war beispielgebend. Janis Joplin wurde ernst genommen, wie in diesem Metier vielleicht nur noch Joan Baez. Die aufregenderen Formen hatte zwar Grace Slick, Judy Collins eine hübschere Stimme und Joni Mitchell komponierte und dichtete anspruchsvoller, aber mit ihrer emotionalen Durchschlagskraft stellte Janis Joplin sie alle weit in den Schatten.

Bei den Recherchen zu diesem Buch ist mir auch ein Erzählungsband von Tennessee Williams in die Hände gekommen. Eigentlich ging es mir darum, durch das Lesen von Werken amerikanischer Südstaatenautoren ein bißchen von der Atmosphäre aufzunehmen, in der Janis Joplin aufgewachsen war und die die Entwicklung ihrer Persönlichkeit so stark beeinflußt hatte. In der Erzählung »Das Wesentliche« werden Studenten porträtiert, die gegen den akademischen Konservatismus rebellieren und sich auf der Suche nach menschwürdigen Idealen befinden. In der Beschreibung des Mädchens Flora fand ich ausgedrückt, wonach ich beim Schreiben dieser Biographie immer gesucht hatte: den Punkt zu treffen, der das widerspruchsvolle Leben von Janis Joplin und ihr großartiges Künstlertum verständlich machen kann. Bei Tennessee Williams heißt es:
Fast häßlich sah sie aus, mit schweiß- und dreckverschmiertem Gesicht. Ganz unmädchenhaft. Er war erstaunt, daß er bisher nie bemerkt hatte, wie wenig weiblich sie war. Ja, das war der wesentlichste Zug ihres Charakters. Sie gehörte nirgendwohin, sie paßte im Grunde nirgendwo dazu, sie hatte keine Heimat, kein Fleckchen Erde, keinen Ort, wo sie sich verstecken und Schutz finden konnte, sie war ein Flüchtling ohne Ziel. Andere mochten sich in die Verhältnisse schicken, das Beste, was sich bot, annehmen, auch wenn es nicht das Richtige war, aber sie würde sich auf keinerlei Kompromisse einlassen. Ihre große Unvollkommenheit war zugleich der Ausdruck ihrer ganzen Reinheit.[2]

EINE JUGEND IN TEXAS

Janis Lyn Joplin wurde am 19. Januar 1943 in Port Arthur, Texas, geboren. Ihr Vater, Seth Joplin, war in den südöstlichen Teil von Texas gekommen, um nach absolviertem Universitätsstudium als Ingenieur für die Ölfirma Texaco zu arbeiten. Er stammte aus der 150 000 Einwohner zählenden Stadt Amarillo, die ganz im Norden von Texas liegt.

Janis sprach von ihrem Vater liebevoll und mit Hochachtung, sie bezeichnete ihn als einen »heimlichen Intellektuellen«:

Er war ein Bücherleser, ein Redner, ein Denker. Er war sehr wichtig für mich, weil er mich das Denken gelehrt hatte. Er ist der Grund, warum ich so bin, wie ich bin, vermute ich. Er pflegte unentwegt mit mir zu sprechen, und dann, als ich vierzehn war, hörte er mit solchen Sachen auf – vielleicht hätte er lieber einen gewitzten Sohn gehabt oder so etwas Ähnliches. Ich konnte daraus nicht schlau werden. Nichtsdestotrotz hatte er jede Menge Zeit verbracht, um mit mir zu reden.[1]

Seth Joplin war ein außergewöhnlicher Mann und hatte einen für den amerikanischen Süden untypischen Charakter. Einerseits machte er zu aller Zufriedenheit seine Arbeit und sorgte hingebungsvoll für seine Familie, andererseits reflektierte er sein irdisches Dasein mit verwegenen ethischen Begriffen und baute sich sein eigenes philosophisches System auf. Er behauptete von sich selbst, daß er auch einen ausgezeichneten Mönch abgegeben hätte.

In den sechziger Jahren begann Seth Joplin unter einer quälenden Arthritis zu leiden und verfiel körperlich zusehends. Trotz ihrer eigenen schweren Probleme und der ihr nachgesagten Egozentrik machte sich Janis darüber große Sorgen. Nicht zuletzt aus diesem Grund riß die Verbindung zum Elternhaus nie ab. Janis rief während ihrer Tourneen von überall her in Port Arthur an, um sich nach dem Gesundheitszustand ihres Vaters zu erkundigen. Seth Joplin konnte später auch nicht mehr seiner Arbeit als Ingenieur nachgehen und wurde Leiter der Versandabteilung bei Texaco.

Janis Joplins Mutter Dorothy stammte aus dem mittleren Westen der Vereinigten Staaten, aus Nebraska. Ihr Vater war Viehzüchter gewesen, später Farmer, bis sein landwirtschaftlicher Betrieb — wie so viele andere — in der großen Weltwirtschaftskrise zusammenbrach. Nachdem er die Landwirtschaft hatte aufgeben müssen, versuchte er sich als Exportkaufmann. Die Familie zog mit ihren vier Kindern von Nebraska nach Kansas City und später nach Los Angeles. Aus geschäftlichen Gründen kamen sie dann nach Amarillo, wo Dorothy ihr letztes High-School-Jahr absolvierte. Dort lernte sie auch Seth Joplin kennen. 1936 heirateten sie und ließen sich in Port Arthur nieder.

Mrs. Joplin galt als eine fleißige und diszipliniert arbeitende Frau, die aber mit ihrem draufgängerischen Temperament für so manche Aufregung sorgte. Sie war eindeutig der dominierende Teil in der Familie, besaß eine gewitzte Intelligenz und versuchte ihre Entschlüsse mit Beharrlichkeit und Ausdauer in die Tat umzusetzen. Sie konnte sich sehr präzise ausdrücken, wobei sie bestimmte Themen mit Engstirnigkeit und Intoleranz behandelte. Für ein introspektives Hausfrauendasein war sie nicht geschaffen. Sie arbeitete als Bibliothekarin und hatte auch den Posten als Verwaltungsdirektor an einem der örtlichen Colleges inne. Die amerikanische Buchautorin Myra Friedman, die über das Leben von Janis Joplin eine ausgezeichnete Biographie geschrieben und gründliche Recherchen vor Ort durchgeführt hat, lernte Dorothy Joplin in vielen Gesprächen kennen. Sie beschrieb ihr Lächeln als liebenswürdig und ihr Wesen als gastfreundlich. Dennoch glaubte Myra Friedman in den Augen von Janis' Mutter eine gewisse Distanziertheit ausmachen zu können, so daß von ihr rückhaltlose Offenheit nicht immer zu erwarten war.

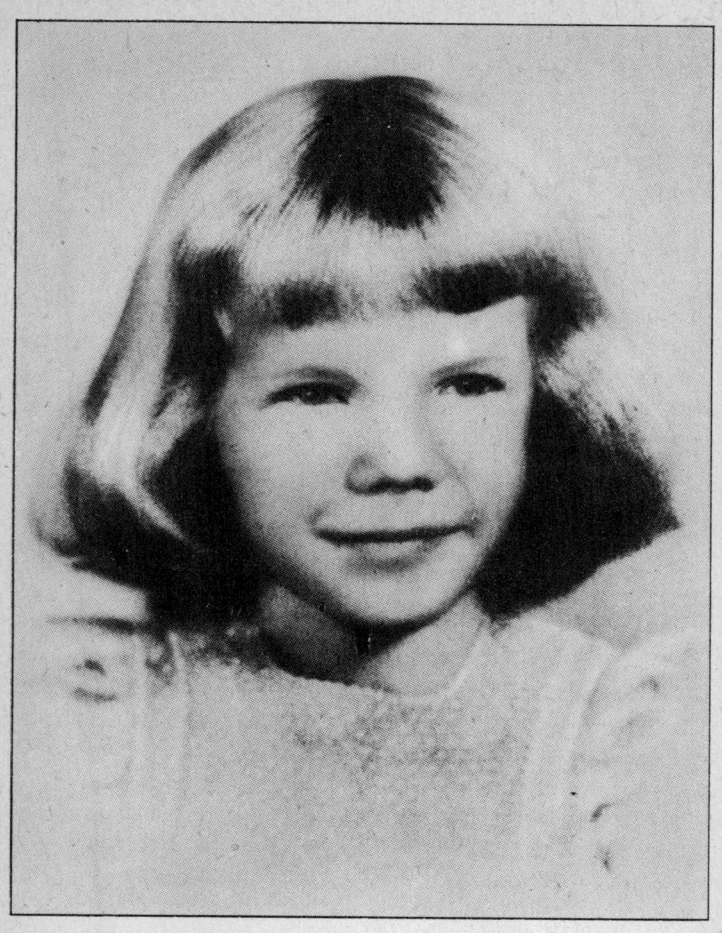

Die Joplins besaßen am Rande von Port Arthur, in einem der besseren Vororte, ein kleines Haus, das nicht zu weit von der Schule entfernt lag. Janis war ihr erstes Kind, sechs Jahre später kamen die Tochter Laura und nach zehn Jahren der Sohn Michael hinzu. Es wird berichtet, daß Janis keine Eifersucht kannte und sich liebevoll um ihre jüngeren Geschwister kümmerte.

In der ersten Zeit ihrer Ehe waren die Verhältnisse, in denen die Joplins lebten, gewiß bescheiden und boten kaum Platz für

Extravaganzen und Luxus. Doch nach dem zweiten Weltkrieg konsolidierte sich die amerikanische Wirtschaft und nahm einen rapiden Aufschwung. Nicht zuletzt hochspezialisierte Techniker wie Seth Joplin profitierten davon und verdienten ganz ordentlich, so daß er bald seine Familie in wohlsituierte Verhältnisse brachte.

Port Arthur ist eine Stadt mit rund 60 000 Einwohnern im südöstlichen Teil von Texas im Bezirk Jefferson. Am Lake Sabine befindet sich ein ökonomisch wichtiger Hafen, der eine schnelle Verbindung zum nahegelegenen Golf von Mexiko gewährleistet. Die Grenze zum Staat Louisiana ist nicht weit, und die sagenumwobene Stadt New Orleans, Geburtsort von Jazz und Showbusiness, kann man mit dem Auto auf dem Freeway 10 leicht erreichen.

Gemeinsam mit den Städten Beaumont und Orange bildet Port Arthur das »Goldene Dreieck«, einen bedeutenden petrochemischen Komplex. Die 300 000 Bewohner dieses Gebietes sind alle unmittelbar oder mittelbar mit der erdölverarbeitenden Industrie verbunden. Die stählernen Anlagen der Erdölraffinerien bestimmen die Skyline von Port Arthur und geben der Stadt ein ultramodernes Gepräge.

Port Arthur wurde 1895 von Arthur E. Stilwell als Endstation der Eisenbahnstrecke Kansas City Southern Railway gegründet. 1899 war der Hafen so weit ausgebaut, daß Ozeandampfer anlegen konnten. Zwei Jahre später wurde wenige Meilen von Port Arthur entfernt die berühmte Spindletop Ölquelle entdeckt, und sie hat die Stadt zu dem gemacht, was sie heute ist. Doch die legendären texanischen Ölleute leben anderswo, sie ließen sich in Houston und Dallas nieder, so daß sich auf Port Arthur nur sehr wenig Ruhm senkte.

Dennoch ist die Stadt, vornehmlich die sich breit erstreckenden Vororte, ganz hübsch und strahlt ihren eigenen Zauber aus. Das Sumpfland, auf dem Port Arthur errichtet wurde, erzwang eine flache Bauweise der Häuser und sorgte somit für eine architektonische Sinnfälligkeit, die in vielen anderen Städten des Südens nicht anzutreffen ist. Es gibt viel Grün, eine große Anzahl von Bäumen, die mit ihrem Schatten vor der erbarmungslos niederbrennenden Sonne Zuflucht spenden. Die Luft ist klebrig von der hohen Feuchtigkeit, überall riecht es nach Petroleum.

Die Gewerkschaften in Port Arthur galten als stark und militant, und eine Serie von Streiks hatte in den fünfziger und sechziger Jahren für erhebliche Aufregung gesorgt. Dieses intensive Gewerkschaftsleben, das zum Teil ganz erstaunliche Verbesserungen für die Arbeitswelt mit sich brachte, zog eine Menge Leute in den Südosten von Texas, zumeist draufgängerische Typen mit schlechter Ausbildung, die jedoch den festen Willen hatten, sich durchzusetzen.

So kamen aus anderen texanischen Landesteilen sogenannte Drifters nach Port Arthur. Aus Louisiana kamen Cajuns – Nachfahren von franko-kanadischen Einwanderern –, Chicanos aus Mexiko und natürlich Afroamerikaner aus allen Landesteilen. Fast alle machten ihr Glück, denn die Ölgeschäfte liefen gut. Nur die Schwarzen gingen wieder einmal leer aus, blieben arm und wurden von den anderen abgesondert. Auch in Port Arthur gab es ein Negerghetto, dessen hygienische Anlagen, Bausubstanz und Infrastruktur weit unter dem Durchschnitt der anderen Wohnviertel lagen.

Die weißen Arbeiter, die es zu etwas Wohlstand gebracht hatten, wurden sogar in den besseren Vororten ansässig. So war es durchaus möglich, daß sie Doktoren, Juristen oder höher qualifiziertes technisches Personal der Ölfirmen zu Nachbarn hatten. Obwohl sich diese »Neureichen« anpassen wollten, gelang dies doch nicht so schnell, und es gab jede Menge Reibereien mit den alteingesessenen Bewohnern der schicken und exklusiven Vororte. Ihre Lebensvorstellungen wichen erheblich voneinander ab. So nahm es nicht wunder, daß das unterschwellig immer vorhandene Mißtrauen mitunter offen ausbrach und sich als Haß und Verachtung zu erkennen gab. Ein ehemaliger Einwohner von Port Arthur drückte sich so aus:
Als wir aufwuchsen, war es so, daß neben einem Doktor, dessen Sohn Zeitungen austrug, um dadurch zu Geld für einen 1950er Chevy zu kommen, eine Familie wohnte, die ihrem Sprößling einen 57er Chevy schenkte und zu ihm sagte: »Nun kümmere dich einen Scheiß um die Meinung anderer Leute, und falls dir jemand dumm kommt, schlag ihm ein paar auf sein dreckiges

Maul.« Das war ein sehr rauher Platz zum Aufwachsen, es gab jede Menge Gewalttätigkeit.[2]

Der letzte Satz ist nicht leichthin gesagt, er verweist auf den erbärmlichen Zustand der amerikanischen Gesellschaft, der besonders kraß im Süden der Vereinigten Staaten zu Tage tritt. Gewalt wird oft als erstes und zuverlässigstes Mittel der Überzeugung angewendet. In einer Gesellschaft, wo der Zwang besteht, in jedem Mitbürger einen potentiellen Konkurrenten zu sehen, sind die zwischenmenschlichen Kontakte stark belastet. Der dänische Tramper Jakob Holt, der fünf Jahre lang die Vereinigten Staaten per Anhalter durchquert hatte, zog in seinem Buch »Amerikanische Bilder« folgende traurige Bilanz:

Nach dem Mord an Popeye und Sally (zwei Freunde von Jakob Holt, d. A.) hielt ich es nicht länger aus und verließ das Land. Alle meine Gefühle und Sinne waren abgetötet. Ich hatte zwölf meiner besten Freunde und Bekannten durch die sinnlose Gewalt in den USA verloren, und zahlreiche andere waren in den Gefängnissen verschwunden. Ich liebte das amerikanische Volk mehr als irgendein anderes, das ich jemals kennengelernt habe. Ich spürte, daß ich immer ein Teil dieses Volkes bleiben würde, und hatte eigentlich nicht die Absicht, das Land zu verlassen. Die menschliche Wärme, der ich überall begegnet war, bildete in meinem Leben eine frische Brise nach der Verschlossenheit, die ich aus Europa kannte. Aber die Wärme und die Offenheit der Amerikaner stand in schreiendem Kontrast zu dem grausamen und unmenschlichen System, dem ich überall begegnete. Ich war auf den höchsten Zinnen in Amerika und in den tiefsten schattenreichen Tälern am Rande des Grabes, und überall schmerzte mich die zunehmende Versteinerung und Verschanzung, der die Wärme und Offenheit ausgesetzt waren – eine Wärme, die mir als Ausländer andauernd zugute kam, die aber anderen gegenüber zu Angst, Haß und Bitterkeit versteinert war.[3]

Ein kluges Kind wächst heran

Die kleine Janis war so etwas wie ein Wunderkind. Sie konnte mit einem Jahr schon perfekt mit Messer und Gabel umgehen und trank auch aus der Tasse. Mit einem gewissen Stolz führte die Mutter die Geschicklichkeit ihrer Tochter Freunden und Bekannten vor. Noch bevor sie in die Schule kam, konnte Janis bereits lesen. Und gerade mit dieser frühen Fähigkeit hatte es etwas Besonderes auf sich:

Die größte Sache bei uns zu Hause war: wenn man seinen Namen zu schreiben gelernt hatte, dann konnte man sich eine Bibliothekskarte holen gehen. Wir hätten niemals von unserem Vater einen Fernseher bekommen, er hätte niemals bei uns zu Hause einen Fernseher geduldet.[4]

Als Janis noch sehr klein war, hatte sie bereits die Gabe, phantastische Geschichten und Märchen sehr schnell aufzunehmen. Ein wenig älter, sah sie sich dann in der Lage, diese Märchen nach Gutdünken fortzuspinnen und ihre eigenen Geschichten daraus zu machen. Schon in der ersten Klasse schrieb sie kleine Theaterstücke, die sie sogar mit ihren Schulfreunden aufführte. Der Vater hatte ihr ein Puppentheater gebaut, das im Garten der Joplins stand. Dort war immer viel los, für Janis Schulfreunde und Kinder aus der Umgebung war dies ein bevorzugter Platz. Janis hatte mit der Schule nie Probleme, sie war eine derart exzellente Schülerin, daß sie die besten Noten erhielt, ohne sich sonderlich anstrengen zu müssen. Sie sang, wie die anderen Kinder auch, im Kirchenchor der örtlichen Baptistengemeinde. Besonderen Spaß machten ihr jedoch Malen und Zeichnen. Ihre Begabung dafür wurde erkannt, und sie erhielt eine Zeitlang privaten Zeichenunterricht.

Als sie in die sechste Klasse kam, wechselte sie die Schule. Sie mußte nun mit dem Schulbus fahren, in dem viele Kinder waren, die sie nicht kannte und vor denen sie Angst hatte, weil diese schon angehende Rowdys waren. Das kleine Mädchen mußte da wohl einige schlimme Erfahrungen machen. Janis wurde daraufhin mit dem Auto zur Schule gebracht, und alles war wieder in Ordnung. Ihr Betragen in den Kindertagen war geradezu mustergültig, von ausgesuchter Höflichkeit und Liebenswürdigkeit. Natürlich war ihre Mutter stolz darauf, doch mitunter erregte dieses allzu vorbildliche Betragen ihren Verdacht und machte ihr ein wenig Angst.

Ungewöhnlich war auch, daß Janis wesentlich mehr Aufmerksamkeit verlangte als andere Kinder. Beim Spielen oder in

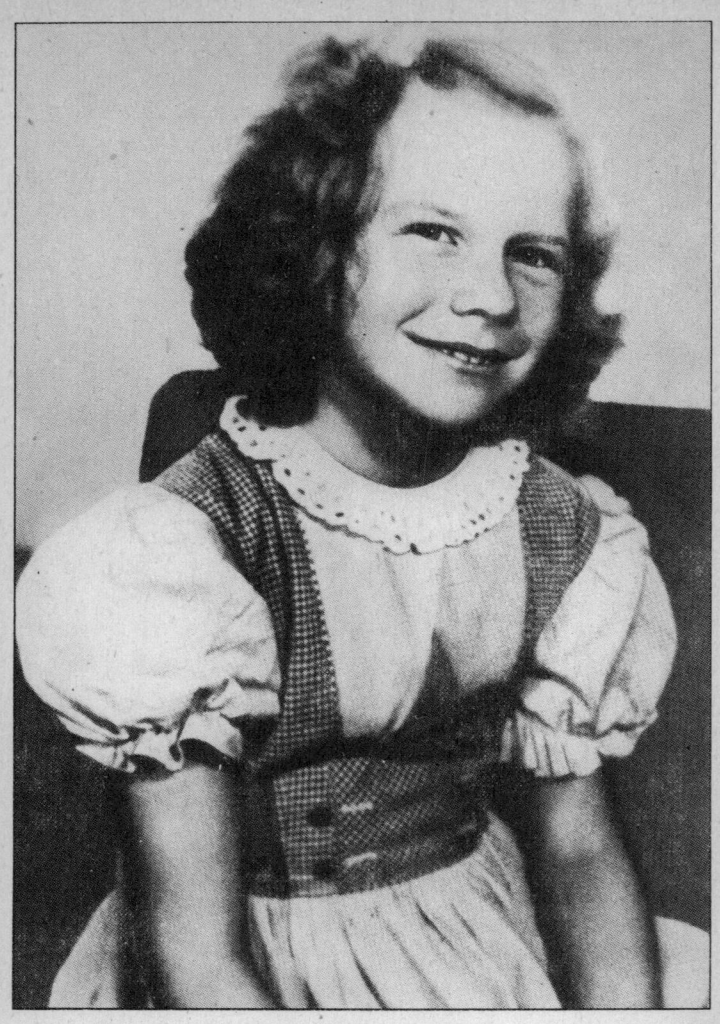

der Schule wollte sie immer tonangebend sein. Tatsächlich gelang es ihr aufgrund der überragenden Leistungen, eine Klasse zu überspringen. Sie war daher immer unter Mitschülern, die mindestens ein Jahr älter waren als sie. Daraus ergaben sich gewiß Probleme.

Janis nahm jede Chance wahr, sich hervorzutun und auszuzeichnen. Ihre Eltern brauchten sie niemals anzutreiben, irgend etwas besonders gut zu machen. Nur durften sie nie vergessen, sie zu loben und ihr reichlich Aufmerksamkeit zu schenken.

Wenn sie vom Intellekt her auch spielend leicht das Klassenniveau hielt, so hatte sich ihre Psyche doch noch nicht im gleichen Maße entwickelt. Noch im Alter von acht Jahren pflegte Janis am Daumen zu lutschen. Ihr Vater war schließlich der Meinung, daß das schon viel zu lange gedauert hätte und sie nun endlich damit aufhören müsse. An diesem Abend gab es eine bestimmte Radiosendung, die Janis immer mit Begeisterung hörte. Ihr Vater stellte sie vor die Alternative: Er würde ihr nur erlauben, die Show zu hören, wenn sie das Daumenlutschen definitiv aufgäbe. Janis bekam einen Wutanfall, natürlich wollte sie beides. Ihr Vater gab nicht nach, und sie begann zu toben und wild um sich zu schlagen, wie es die Eltern bis dahin noch nicht bei ihr erlebt hatten.

Der Spiegel sagt: Du bist häßlich

Janis entwuchs langsam den Kinderschuhen und entwickelte sich zu einem jungen Mädchen, und damit wurde eines ihrer größten Probleme sichtbar. Janis' drollige Pummeligkeit wuchs sich zu einer unschönen Dicklichkeit aus, die den geltenden Schönheitsnormen ganz und gar nicht entsprach. Aus ihr war ein *overweight chick*, ein übergewichtiges Hühnchen, geworden. Zu allem Unglück gesellte sich dazu eine unreine und picklige Haut, und ihre blonden Haare wurden strähnig und gingen in ein aschfarbenes Braun über.

Gar kein Zweifel, aus dem hübschen Kind war ein häßlicher Teenager geworden, dem nicht mehr viel Beachtung geschenkt wurde. Die Jungen, die sich jetzt mit Mädchen ihres Alters verabredeten und die ersten tastenden Schritte in Richtung Liebe unternahmen, ließen sie links liegen. Sie wählten die Mädchen aus, die vielleicht ein bißchen zuviel kicherten und auch kaum etwas Gescheites zu sagen hatten, aber mit einer wohlproportionierten Figur ausgestattet waren und vielsagende Blicke zu werfen verstanden.

Vielleicht hätte Janis dies alles nicht so tragisch genommen, wenn sie es vermocht hätte, ihre von der Norm ein wenig abweichende Körperlichkeit mit einem gewinnbringenden Lächeln und gewitzter Selbstironie zu überspielen, aber dazu sah sie sich außerstande. Sie schämte sich für ihr Äußeres und weinte nächtelang darüber. Selbst in Zeiten ihres höchsten Ruhms konnte sie nie verwinden, daß sie nicht die Schönheit war, auf die sie ein Recht zu haben glaubte. Beständig nervte sie ihre engsten Freunde mit rhetorischen Fragen und überzogen selbstkritischen Aussagen: »Nicht wahr, ich bin häßlich?« »Ich glaube, ich werde fett.« »Mann, seh ich nicht alt und heruntergekommen aus?«

Dennoch brachte sie es als Rocksängerin zum Sexsymbol, allerdings in keiner Weise nach konventionellen Vorstellungen. Janis Joplin etablierte – wie die Rockschriftstellerin Lillian Roxon meinte – »Schönheit« nicht als einen beständigen Wert, sondern als ein überraschendes Auf und Ab, dessen Strategie die Überrumplung war. Man durfte auf alles gefaßt sein. Manchmal sah sie wirklich hausbacken aus, und dann war sie wieder begehrenswert und attraktiv.

Ihre Schönheit offenbarte sich zumeist im Kunstlicht der Bühnenscheinwerfer, als Begleitumstand der erregenden musikalischen Aktionen. Doch es gelang ihr nur selten, das auf der Bühne gewonnene Selbstbewußtsein ins Privatleben hinüberzuretten. Janis Joplin blieb zeit ihres Lebens ihrem äußeren Erscheinungsbild gegenüber kritisch und unsicher. Sie konnte sich nicht als die Person akzeptieren, die sie nun einmal war. Selbst ihr Ruhm und ihr Erfolg halfen da wenig.

Um wieviel schwieriger noch mußte es in ihrer Jugend gewesen sein, gegen den Mangel an körperlicher Ausstrahlung anzukämpfen, dessen Folge eine demütigende Mißachtung durch ihre Umwelt war. Die Erwachsenen, ihre Eltern und Lehrer, nahmen die Probleme von Janis vorerst kaum wahr. Immerhin veranlaßte ihre Mutter jedoch eine ärztliche Untersuchung der Schilddrüse, weil man dort die Ursache ihrer allzu raschen Gewichtszunahme vermutete. Dies bestätigte sich aber nicht.

Janis' Mitschüler hänselten und verspotteten sie. Jugendliche können da sehr grausam und gefühllos sein. Das am häufig-

Eine Aufnahme aus ihrer High-School-Zeit,
ca. 1959

sten gebrauchte Schimpfwort war *pig* (Schwein). Was Janis dagegenzusetzen hatte, war ihre überdurchschnittliche Intelligenz und ihr erwachendes Künstlertum – sie beschäftigte sich intensiver denn je mit Malerei und Poesie –, doch ihr borniertes und konservatives Umfeld ließ sich davon kaum beeindrucken.

Janis hätte sich nun in das Schicksal fügen und die Rolle als Aschenputtel demutsvoll annehmen können. Tatsächlich gab es in ihrem Leben immer wieder Versuche, sich anzupassen und das zu tun, was man von ihr erwartete. Doch verstieß das so sehr gegen ihre rebellische Natur, daß all ihre Bemühungen kläglich scheiterten.

Also suchte sie den Angriff nach vorn, selbst auf die Gefahr hin, noch mehr Schmach und Schande hinnehmen zu müssen. Eine ihrer Freundinnen erinnerte sich, daß sich Janis etwa seit der neunten Klasse durch Meinungen und Taten hervortat, die ganz offensichtlich in Opposition zu ihrer Umwelt standen. So fand sie, als in der Schule über die Integration der Afroamerikaner diskutiert wurde, daß dies eine feine Sache sei. So etwas durfte ein weißes Südstaatenmädchen einfach nicht sagen. Seit dieser Zeit wurde sie nicht nur *pig* genannt, nun kam auch noch das Wort *nigger lover* hinzu.

Janis ärgerte sich über die üblen Angewohnheiten, die weiße Jugendliche in Port Arthur gegenüber ihren afroamerikanischen Mitbürgern an den Tag legten. Sie erzählte:
Ich haßte die Neger nicht, und so wurde ich nigger lover *gerufen. Es gab niemanden wie mich in Port Arthur. Alle anderen saßen in* Drive-Ins *herum, tranken Coke und redeten davon, auf der Straße* nigger knocking *zu machen. Weißt du überhaupt, was* nigger knocking *ist? Eine Bande von Kids nimmt einen langen Stock mit ins Auto und fährt sehr schnell. Wenn sie einen Nigger sehen, der Fahrrad fährt oder läuft, stecken sie den Stock aus dem Autofenster und schlagen ihm eins drüber.*[4]

Eine von den Jungs

Janis suchte sich Verbündete, und sie fand sie vor ihrem letzten High-School-Jahr in einer Gruppe von fünf Jungen, die sich in einer Art Aufstand gegen die konservative und langweilige Stadt befanden. Sie wollten anders sein als die Spießbürger rings um sie herum. Die Jungen hießen Jim Langdon, Randy Tenant, Dave Moriaty, Adrian Haston und Grant Lyons, sie waren im Durchschnitt ein bis zwei Jahre älter als Janis.

Nach und nach verlor Janis ihre alten Freunde, die sich schockiert von ihr zurückzogen. Der rechtschaffene Jack Smith — er wurde später Dozent für Kunstgeschichte — konnte Janis' neue Aktivitäten nicht gutheißen: »Ich mochte die Dinge nicht, die sie tat, wenn sie mit diesen Leuten herumhing.«

»Diese Leute« sahen sich als Beatniks, oder zumindest als das, was man sich im äußersten Zipfel von Texas darunter vorstellte. An sich war es schon verwunderlich, daß die Idee der totalen Verweigerung so weit vorgedrungen war. Die Beatniks (den Namen hatte sich ein Journalist ausgedacht, indem er die Endung von »Sputnik« verwendete) waren die etwas volkstümlichere Nachhut jener Schriftstellergruppe, die sich *beat generation* nannte. Diese Künstler weigerten sich, in einer von ihnen als entmenschlicht empfundenen Gesellschaft brav mitzuspielen. Einen ihrer gewagtesten Sprüche hatten sie von dem französischen Dichter Louis-Ferdinand Céline übernommen: »Ich pisse auf alles aus großer Höhe.«

Doch damit allein war es noch nicht getan; die *beat generation* hatte auch Visionen von einer zukünftigen und besseren Gesellschaft. In ihren Büchern beschrieben sie ihren amerikanischen Traum mit beredten Worten, wie Jack Kerouac in »Gammler, Zen und hohe Berge«:

Seht mal, das Ganze ist nämlich eine Welt voll Rucksackwanderer, Dharma Gammler, die sich weigern, zu unterschreiben, was die Konsumgesellschaft fordert: daß man Produziertes verbrauchen soll und daher arbeiten muß, um überhaupt konsumieren zu dürfen... Ich habe eine Vision von einer großen Rucksackrevolution, Tausende oder sogar Millionen junger Amerikaner, die mit Rucksäcken rumwandern, auf Berge gehen, um zu beten, Kinder zum Lachen bringen und alte Männer froh machen, junge Mädchen glücklich machen und alte noch glücklicher, alles Zen-Besessene, die ... durch seltsame unerwartete Handlung ständig jedermann und jeder lebenden Kreatur die Vision ewiger Freiheit vermitteln...[5]

Das Hauptanliegen der *beat generation*, die sich um den Lebenskünstler Neal Cassidy geschart hatte und der Schriftsteller wie Jack Kerouac, William Burroughs, Allen Ginsberg und Gary Snyder angehörten, bestand darin, eine neue, »unvernünftige« Vernunft zu definieren, die sich in Opposition zu allen Anforderungen befinden sollte, die die amerikanische Gesellschaft an ihre Bürger stellte.

Die Beats, insbesondere der scharfsichtige Jack Kerouac, gingen ganz richtig davon aus, daß die Vernunft, oder besser der klassenspezifische Gebrauch derselben, in der Weise versagt hatte, daß sie eben nicht den von ihr zu bewerkstelligenden Ausgleich der Handlungen des einzelnen zwischen seinem eigenen Nutzen und dem der Gesellschaft hergestellt hatte. Das entfremdete Individuum mit seinem notwendig falschen Bewußtsein kämpft ausschließlich für sich allein und gegen alle anderen: die einen um das nackte Überleben, andere für einen Zweitwagen und dritte darum, die Macht über die gesamte Menschheit zu erlangen. Als Endprodukt all dieser unterschiedlichen Handlungen und Intentionen sahen die Beats eine Gesellschaft um sich herum, deren Wirklichkeit ihnen viel irrationaler erschien, als ihre eigenen kühnen und wahnwitzigen Träume von Rucksackrevolutionen und Dharma Gammlern.

Nach dem zweiten Weltkrieg hatte die amerikanische Administration nichts Eiligeres zu tun, als einen kalten Krieg vom Zaun zu brechen. Die Atmosphäre in den USA der fünfziger Jahre wurde geprägt von Senator Joseph McCarthys antikommunistischer Hetzjagd. Heimliche Verschwörungen und offenes Denunziantentum beherrschten das gesellschaftliche Klima, und das Ergebnis war eine seelische Verkrüppelung des einzelnen Menschen. Allen Ginsberg äußerte sich folgendermaßen:

Der kalte Krieg belastet jedermann mit einer gewaltigen geistigen Barriere, einer riesigen unnatürlichen Psyche … Das Bewußtsein zog sich in sich selbst zurück und dachte darüber nach, wie es am besten Gesicht, Augen und Hände zu einer Maske erstarren läßt, damit die dahinter fließende Strömung verborgen bleibt. Dessen ist es sich bewußt, dessen ist sich eigentlich jeder bewußt. Sagen wir also Mißtrauen, Furcht. Es ist Furcht vor totalem Gefühl, recht eigentlich vor totalem Sein.[6]

Auch in Texas herrschte kalter Krieg. Wenn Janis Joplin sich der Beatnik-Clique von Port Arthur anschloß (und sie wird sich ihr ganzes Leben als Beatnik bezeichnen), dann war es in erster Linie ihr Wunsch, trotz ihres Andersseins von irgend jemandem akzeptiert zu werden. In der offiziellen Welt war sie als *pig* und *nigger lover* verschrien, niemand wollte sie in den verschiedenen Clubs der Stadt haben, nur selten wurde sie zu Parties eingeladen. Die Durchschnittsbürger von Port Arthur haßten jeden, der nicht so war wie sie.

Anfangs waren die fünf Beatniks nicht so sehr von der dicklichen Janis angetan. Was sollten sie schon mit einem Mädchen anfangen, das zwar einen sehr regen Verstand hatte, aber deshalb doch noch lange kein Junge war. Es war ja nicht so, daß die fünf Burschen ausschließlich intellektuelle Gespräche führten, über Poesie und Malerei redeten oder Jazzschallplatten hörten. Sie unternahmen auch richtig wilde und abenteuerliche Sachen, kletterten auf Brücken herum, »weil das Land ringsherum so elend flach war«. Die Rainbow Bridge über dem Fluß Neches ist über 100 Meter hoch, und die jungen Männer machten auf ihr tollkühne Kunststückchen, indem sie auf dem schmalen Eisengeländer balancierten oder im Stahlgerüst herumhangelten.

Aber die Fünf fanden schnell heraus, daß sie Janis nicht wie ein Mädchen zu behandeln brauchten. Janis verlangte keine Höflichkeiten und keine Rücksichtnahme. Da sie weder hübsch noch *charming* war, hatte keiner der Jungen sexuelle Absichten, und man blieb ihr gegenüber gelassen und kumpelhaft. Nach einer gewissen Gewöhnungszeit wurde sie zu »einer von den Jungs«. Ja, man war von ihr begeistert und nahm sie als eine Art Hofnarren an.

Jim Langdon berichtete, wie die Clique immer loszog, um die »feinen Leute« von Port Arthur auf die Palme zu bringen. Ihre Hauptwaffe dabei war Janis, die fluchen konnte wie ein Müllkutscher. Dies war manchmal sogar den Jungen zuviel.

Janis warf alle Wertvorstellungen, die sich ein Mädchen aus gutem Hause zu eigen machen sollte, über den Haufen und versuchte, genau das Gegenteil zu sein. Natürlich geriet sie mit ihren Eltern, vornehmlich mit ihrer Mutter, wegen des ungebührlichen Betragens aneinander. Halsstarrigkeit und Angriffslust auf beiden Seiten führte zu einigen harten Auseinandersetzungen. Ihre Tochter entglitt Dorothy Joplin langsam.

Als Janis mit ihren Freunden einen Ausflug nach New Orleans machen wollte, bekam sie dafür von ihren Eltern keine Erlaubnis. Das »sündige« New Orleans mit seinem verrufenen Vergnügungsviertel und den vielen Bars und Honky Tonks schien ihnen nicht das Rechte für ein sechzehnjähriges Mädchen zu sein. Aber Janis war nicht davon abzubringen, sie wollte unbedingt die Musikkapellen auf der Bourbon Street hören. Obwohl es nicht ihre Art war, belog sie ihre Eltern und fuhr heimlich nach New Orleans. Sie streifte mit den Jungen durch die Stadt, hörte sich die Jazzbands an, und im Morgengrauen fuhren sie zurück. Auf dem Nachhauseweg kam das Auto ins Schleudern und fuhr auf ein anderes Fahrzeug auf. Die Polizei nahm den Unfall zu Protokoll, und so wurde das Abenteuer bekannt. Die Klatschtanten von Port Arthur zerrissen sich die Mäuler, und Janis' Ruf wurde immer schlechter.

In erster Linie waren es Äußerlichkeiten, durch die die Bürger der Stadt aufgeschreckt wurden. Wenn sich jemand still und unauffällig verhielt, war es ihnen eigentlich egal, was in seinem Kopf vorging. Aber wenn sich einer aus ihren mittelständischen Kreisen wie ein wildgewordener Beatnik aufführte – zumal wenn es sich um ein Mädchen handelte –, fühlten sie sich angegriffen und in ihrer persönlichen Ehre gekränkt. Ihre Lebensweise, die sie für das Nonplusultra hielten, ließen sie von niemandem verunglimpfen. Entweder man paßte sich ihren ungeschriebenen, aber dennoch geheiligten Normen an, oder man wurde zu einem *Outsider* abgestempelt, der dann sozusagen zum Beschuß freigegeben war. In einem Interview mit dem Rockjournalisten David Dalton im Sommer 1970 gestand Janis:

Texas ist in Ordnung, wenn du ruhig deine Sache machst, aber nichts für Leute, die unverschämt sind. Und ich war immer unverschämt. Ich wurde in Texas sehr schlecht behandelt. Sie behandeln Beatniks in Texas nicht gut.[7]

Janis zog sich schlampig an – abgerissene Jeans und lose herunterhängende Männerunterhemden waren ihre »Uniform« –, legte natürlich auch kein Make-up auf und bewegte sich aufreizend nachlässig. Was dann noch ihr loses Mundwerk vollbrachte, war schließlich der Gipfel für ihre kleinbürgerlich-konservative Umgebung. Sie benutzte schmutzige *four letter words* (als relativ harmloses Beispiel sei hier *shit* angegeben) und war auch noch stolz darauf.

Da sich Janis immer nur mit den Jungen sehen ließ, kamen bald neue Gerüchte auf: War sie nicht auch schon eine kleine Hure?

Doch ganz im Gegenteil — in sexueller Hinsicht war sie weit unschuldiger als die anderen gleichaltrigen Mädchen in der Stadt. Von einer Schulkameradin von Janis erfuhr Myra Friedman folgende Geschichte:

Sie kam in mein Zimmer, als ich gerade mit meinem Freund im Bett lag. Ich mußte mir irgendeine dieser umständlichen Erklärungen ausdenken, damit sie nicht mitbekam, worum es wirklich ging. Sie war ja noch so naiv. Du hast sicherlich all die anderen Geschichten gehört. Ich hab sie auch gehört. Ich kann dir jedenfalls eins sagen: Nach der High School gab es eine Party, und sie kam hereingestürmt und schrie: »Du hast mich angelogen. Jetzt weiß ich, was ihr gemacht habt an jenem Nachmittag!« Ich lachte mich fast zu Tode, weil niemand wußte, worüber sie da redete. Die Kerle von Port Arthur sagen immer noch, daß sie sie hatten, jetzt mehr als je. Aber das ist nicht wahr.[8]

Es ist also als ziemlich sicher anzunehmen, daß Janis noch in den Stahlgerüsten der Brücke über den Neches herumhangelte, während »die wohlbehüteten und anständigen Mädchen schon fleißig in den Ölfeldern bumsten«, wie es Myra Friedman formulierte.

Dagegen war allerdings Alkohol schon während ihrer High-School-Zeit im Spiel. Immer wenn es runter zum Strand oder an den Fluß ging, nahm man etwas zu trinken mit. Janis' Trinkgewohnheiten wandelten sich, die Getränke wurden im Laufe der Zeit immer härter. Zuerst war es Bier, dann Thunderbird (ein Mixgetränk) und schließlich Bourbon, eine besondere Sorte Whisky, der aus Mais gebrannt wird. Auch kleine Ausflüge ins benachbarte Louisiana waren schon an der Tagesordnung. Die Schankgesetze waren dort lockerer als in Texas, man konnte in den Bars schon mit 18 Jahren Alkohol kaufen (in Texas erst mit

21). Janis war zwar noch keine achtzehn, aber wenn sich ein Mädchen in Begleitung einer Gruppe von jungen Männern befand, wurde nicht so sehr darauf geachtet.

Janis entdeckt die Musik

So wild sich die Jungen der Gruppe auch gebärdeten, letztlich hatten sie doch alle etwas aufzuweisen, das sie nicht gänzlich zu Außenseitern werden ließ. Daher sah man ihnen ihre Opposition nach. So wurde Grant Lyons als Starspieler einer Footballmannschaft sogar eine texanische Berühmtheit. Jim Langdon erntete später in Port Arthur Anerkennung, weil er für sein Posaunenspiel auf nationalen Musikwettbewerben Preise erhielt. Dave Moriaty etablierte sich als geachteter Herausgeber einer Hochschulzeitung.

Auch Janis hatte etwas zu bieten. Nicht nur, daß sie eine überragende Intelligenz und ein unwahrscheinliches Bücherwissen besaß und es mit jedem Intellektuellen in Port Arthur aufnehmen konnte — als Malerin war sie ebenfalls ein großes Talent. Sie sprach zwar später von ihren Malkünsten immer geringschätzig, aber in ihren jungen Jahren hatte sie durchaus ernsthafte Ambitionen in dieser Richtung. Es ist ihr sogar gelungen, einige Bilder zu verkaufen. Myra Friedman, die in Port Arthur noch ein paar Bilder von Janis ausfindig machen konnte, war von der Qualität ziemlich überrascht.

Janis gab aber das Malen ganz plötzlich auf, als sie einen jungen Mann namens Tommy Stopher kennenlernte, der noch bessere Zeichnungen und Bilder machte als sie. Sie hatte einen Hang zum Absoluten, entweder war sie die Beste, oder sie war gar nichts.

Aber es gab ja noch die Musik. Janis und ihre Freunde hörten viel Jazz, wie sich das für Intellektuelle ihres Schlages gehörte. Vom Rock'n'Roll, der ja Ende der fünfziger Jahre schon eine etablierte Musikrichtung war, wollten diese jungen Leute nichts wissen. Für sie war das kommerzielle Musik, hergestellt, um den Geschmack der Masse zu befriedigen. Sie dagegen hörten progressiven Jazz à la Gunter Schuller oder Stan Kenton, mit dem sie der Musikkenner Jim Langdon bekanntgemacht hatte. Dann wurde es Mode, in den Studentenzirkeln Folkmusik zu hören. Hier war das KINGSTON-TRIO der unbestreitbare Favorit. Janis entdeckte aber unter den Folkplatten auch eine Aufnahme mit der schwarzen Sängerin Odetta. Das war Blues.

Was Janis zunächst lernen mußte, war das musikalisch-technische Handwerk, ohne welches das, was man ausdrücken will, nicht in adäquater Weise zum Klingen kommt. Sie legte ihre Lieblingsplatten auf und versuchte mitzusingen. Dabei stellte sich heraus, daß sie ein unheimlich gutes Gespür für die verschiedenen musikalischen Abläufe hatte. Sie konnte jede Frauenstimme perfekt imitieren und war in der Lage, auch die schwierigsten Vokalisen sicher nachzusingen. Ihr erstes Vorbild war Odetta, die zwar nicht zu den ganz großen Stars zählte, aber von der es musikalisch für Janis eine ganze Menge zu lernen gab.

Odetta (Geburtsjahr 1930) stammte aus Birmingham, Alabama, wuchs aber in Los Angeles auf. Bereits mit sechs Jahren erhielt sie Gesangsunterricht, später studierte sie klassische Musik an der Belmint High School. Als Folksängerin wurde sie Ende der fünziger Jahre bekannt, und das vornehmlich durch ihre unverwechselbare Stimme. In der Höhe kann Odetta jazzig klingen wie Ella Fitzgerald, die tiefen Register erinnern eher an eine Kontraaltstimme aus dem klassischen Bereich. Odettas Einfluß auf den Folksong, überhaupt auf den weiblichen Gesang im gesamten populären Musikbereich, ist nicht zu unterschätzen. Sie diente den unterschiedlichsten Sängerinnen als Inspirationsquelle. So zählte auch Grace Slick, die Sängerin von JEFFERSON AIRPLANE, — wenn man so will, später die einzige Konkurrentin für Janis Joplin — Odetta zu ihren Vorbildern. Allerdings verhinderten Odettas große stimmliche Möglichkeiten, daß sie ihren eigenen Durchbruch schaffte: In einer Zeit, in der man sich besser auf ein einziges musikalisches Genre spezialisierte, war ihre kompetente Vielseitigkeit ein Nachteil. So konnte sie neben Folksongs eben auch Blues und Negro Spirituals hervorragend interpretieren. Für Janis war sie aber gerade deshalb eine ideale Lehrmeisterin. Mit Odettas Stimme offenbarte sie sich zum ersten Mal als Sängerin:

Eines Tages fuhren wir raus zu diesem Rettungsturm, wir gingen immer am Strand entlang und blieben die Nacht dort, nur um am Strand zu sitzen, zu reden und Bier zu trinken. Und dieses Mal gingen wir zu dem alten Rettungsturm, einem kleinen Gebäude, und stiegen bis unters Dach. Dort gab es einen Raum mit vier Glaswänden, und man konnte auf all das Wasser und das Marschland sehen, und wir saßen da immer herum mit einer Kerze und einer Flasche Jim Beam und ein paar Colas, saßen zusammen und redeten. Eines Tages waren wir wieder da oben und jemand sagte: »Ich wünschte, wir hätten einen Plattenspieler hier.« Und ich sagte: »Ich kann singen.« »Ach, Janis, hör doch auf.« Ich sagte: »Ich kann wirklich, Mann!« Und so begann ich im Stil von Odetta zu singen... Ich rückte mit dieser riesigen Stimme heraus. Sie sagten: »Mach weiter, Janis, du bist eine Sängerin.«[9]

Janis schloß im Juni 1960 ihre High-School-Ausbildung am Thomas-Jefferson-High ab und ging auf das Lamar College in Beaumont. Sie wohnte in dieser Zeit zu Hause, da Beaumont nicht weit von Port Arthur entfernt liegt. Doch Janis zerrte an den Ketten, und die Auseinandersetzungen mit ihrer Mutter nahmen an Schärfe zu. Für ein paar Tage rückte sie nach Houston aus, hing in einem Café herum und brachte eine derart üble Sauftour hinter sich, daß sie krank und verzweifelt nach Hause kam und ins Krankenhaus mußte. Für kurze Zeit war sie auch in psychiatrischer Behandlung.

Im Sommer 1961 schenkten die Joplins, die kaum noch ein und aus wußten, ihrer Tochter eine Reise nach Los Angeles. Janis hatte dort eine Tante, bei der sie wohnte. Da sie aber eine Ferienarbeit in einem Computerzentrum als Lochkartenschreiberin aufgenommen hatte, konnte sie sich selbständig machen und zog in eine eigene Wohnung nach Venice. Der in der Nähe des Strandes liegende Vorort Venice hatte in Los Angeles einen schlechten Ruf, dort war das Beatnikviertel.

Was mit Janis in Venice geschah, hat selbst die außerordentlich gründlich recherchierende Myra Friedman nicht herausfinden können. Vielleicht hat Janis dort ihre erste Überdosis abbekommen. Sie hatte zwar mit Alkohol mehr als ausreichende

Aus dem Familienalbum der Joplins,
ca. 1960

Erfahrungen (man könnte vielleicht bereits von einer Abhängigkeit sprechen) und hatte möglicherweise auch schon mal eine Marihuanazigarette geraucht, doch mit härteren Drogen hatte sie in Texas bisher nichts zu tun gehabt. Auch wurde vermutet, daß sie während ihres Aufenthaltes in Los Angeles einen Abstecher nach San Francisco gemacht hat.

Als Janis aus Kalifornien zurückkam, hatte sie ihr Vokabular enorm erweitert. So begrüßte sie zu Hause ihre Freunde mit: »Hey, hat denn hier keiner Lust zum Bumsen, Mann?« Was Wunder, daß sie dadurch völlig außer Fassung gerieten. Das war ein Stil, mit dem sie überhaupt nicht vertraut waren.

Janis blieb bis zum Sommer 1962 in Port Arthur. Sie hatte begonnen, öffentlich zu singen. Jim Langdon hatte ihren ersten Auftritt am Silvesterabend 1961 in einem Club in Beaumont organisiert. Man konnte kaum von einem Achtungserfolg sprechen. Das Publikum hatte wohl etwas anderes erwartet und brachte demzufolge nur einen zurückhaltenden Höflichkeitsapplaus zustande. Aber Janis Joplin ließ sich davon nicht entmutigen. Und mit ein bißchen Erfahrung gelang es ihr auch besser, auf die Wünsche des Publikums einzugehen. Es folgten weitere Auftritte im Halfway House in Beaumont und im Café The Purple Onion in Houston. In dieser Zeit hatte Janis ihr zweites großes Vorbild gefunden, das eigentlich mehr als ein Vorbild war, eher schon eine Identitätsfigur. Janis Joplin eroberte für sich den Gesangsstil von Bessie Smith, der »Kaiserin des Blues«.

Bessie Smith

Bessie Smith war eine der größten Sängerinnen, die Amerika je hervorgebracht hat. Ihre musikalische Kraft und die Gewalt ihrer Stimme waren beispiellos: Sie konnte ohne Mikrophonanlage ein 2000 Mann starkes Publikum, auch unter ungünstigsten akustischen Bedingungen, in atemlose Spannung versetzen. Selbst auf technisch völlig unzureichend produzierten Schellackschallplatten entwickelte Bessie Smith eine Intensität, wie sie später von anderen Sängern nur selten erreicht wurde. So wurden 1923 vom *Down Hearted Blues* 780 000 Schallplatten verkauft, was für die damalige Zeit eine riesige Menge war. Eine der besten Schilderungen, wie Bessie Smith ihr Publikum packen konnte, gelang dem amerikanischen Schriftsteller Carl Van Vechten. Dieser hatte die Bluessängerin zu einem privaten Konzert in sein nobles Haus geladen:

George Gershwin war da und Marguerite d'Alvarez und Constance Collier, möglicherweise auch Adele Astaire. Im Salon drängte sich das hochintellektuelle Publikum. Bessie wollte was zu trinken haben. Vorher konnte sie nicht singen. Sie bat um ein Glas puren Gin, und mit einem Schluck stürzte sie ein Glas runter, in dem fast ein halber Liter war. Und dann kniete sie sich in den Blues. Eine brennende Zigarette hing ihr aus dem Mundwinkel. Porter saß am Klavier, und sie kniete sich tief, ganz tief in den Blues. Ich bin sicher, daß niemand, der an diesem Abend dabei war, es je vergessen wird; da stand keine Schauspielerin vor uns, keine Frau, die das Leid einer Frau nachahmt. Da wurde nicht getan als ob. Es war die Sache selbst. Eine Frau schnitt sich mit einem Messer ins Fleisch, bis ihr Herz vor uns lag, bis wir alle es sehen konnten und bis wir litten, wie sie litt. Sie öffnete vor uns ihr Herz in Rhythmen, die waren so wild, daß man es kaum ertragen konnte.[10]

Bessie Smith wurde am 16. April 1894 (mitunter werden auch andere Daten angegeben, das Problem liegt darin, daß im Süden für Schwarze kein Geburtenregister geführt wurde) in Chattanooga, Tennessee, geboren und wuchs als Waise auf. 1912 wurde sie Berufssängerin, und seit dieser Zeit trat sie in kleinen Minstrel-Shows und Negerrevuen auf. Unter anderem hatte sie einmal ein Engagement gemeinsam mit Ma Rainey, der »Mutter des Blues«. Von ihr lernte Bessie das Bluessingen, so erzählt es zumindest die Legende.

Nach mehreren mißglückten Versuchen bei den verschiedensten Plattenfirmen gelang ihr 1923 bei Columbia der erfolgreiche Einstieg. Damit begann eine geradezu sagenhafte Karriere, die bis zum Einbruch der Weltwirtschaftskrise anhielt. So kaufte sich Bessie Smith, die vornehmlich bei Tourneen durch den rassistischen Süden auf Schwierigkeiten in den Hotels stieß, einen mit allem Komfort ausgerüsteten Eisenbahnwaggon. Über Bessie, die unwahrscheinliche Mengen an Whisky vertragen konnte und Reefers (Marihuanazigaretten) kettenartig zu rauchen gewohnt war, wurden jede Menge Geschichten erzählt, in denen sich Legende und Wahrheit unentwirrbar mischten. Sie hatte einen nichtsnutzigen Ehemann, dem sie zwar ergeben war — sie schenkte ihm 1926 die Luxusausführung eines Cadillacs und versorgte ihn auch sonst —, aber nicht treu. Und Bessie Smith liebte nicht nur jeden erstbesten Mann, der ihr über den

Weg lief, wenn ihr danach war, auch mit Tänzerinnen aus ihrer Truppe pflegte sie innigen Kontakt. Ein mit ihr befreundeter Musiker bemerkte etwas spitzbübisch, daß »sie einfach zu viele Interessen habe«.

Das mag alles ein wenig extravagant klingen, doch es gab auch eine andere Seite in ihrem Leben. Bessie Smith blieb trotz alledem eine Schwarze, die, gerade weil sie so selbstbewußt, voller Temperament und niemals unterwürfig war, durch eine Hölle der Rassendiskriminierung ging.

Ihr Tod jedenfalls gab von der Schattenseite des Lebens eines jeden Schwarzen in den Vereinigten Staaten beredte Auskunft. Bessie Smith, die nach mehreren schlechten Jahren finanziell ruiniert war und gerade ein Comeback startete, kam am 23. September 1937 in Mississippi bei einem Verkehrsunfall ums Leben. Die meistverbreitete Version der Legende ist die, daß sie hätte gerettet werden können, wenn ein Krankenhaus für Weiße die schwarze Bessie Smith aufgenommen hätte. Der amerikanische Dramatiker Edward Albee hat in diesem Sinne ein beeindruckendes Drama geschrieben: »Der Tod von Bessie Smith«. Nachforschungen haben nun ergeben, daß die Geschichte so nicht ganz richtig ist. Aber im Grunde genommen erwies sich die Wahrheit als noch schlimmer. Man hatte gar nicht erst gewagt, in das nahegelegene Krankenhaus für Weiße zu fahren, sondern die schwerverletzte Bessie Smith wurde gleich in das viel weiter entfernt liegende Hospital für Schwarze gebracht. Auf dem Weg dahin ist sie verblutet.

Obwohl bei ihrer Beerdigung in Philadelphia mehr als 7000 Menschen anwesend waren und eine ergreifende Trauerfeier stattfand, blieb Bessie Smith' Grab namenlos. Erst 1970 stiftete Janis Joplin ihr gemeinsam mit schwarzen Bürgerinnen von Philadelphia einen Grabstein. Er trägt die Inschrift: »Die größte Bluessängerin der Welt wird niemals aufhören zu singen.«

Ausgestoßen und verfemt

Während Janis Joplins Studium am College in Beaumont übernahm sie Gelegenheitsjobs als Kellnerin, Bibliothekarin und Schreibkraft, die Briefumschläge adressierte. Die Fahrten in die

Bars von Louisiana hielten an, wurden immer wilder und hektischer. Janis erlebte dort einige Abenteuer, und sie lernte es, sich in dieser schummrigen und unwirklichen Welt der Säufer und Ausgestoßenen so zu bewegen, als ob sie dazugehörte. Sie kam mit den *Rednecks*, den ungebildeten und zur Brutalität neigenden Typen des Südens, erstaunlich gut klar, tanzte mit ihnen und ließ sich freihalten.

Keine Frage, daß die anständigen und netten Jugendlichen aus Port Arthur niemals über den Fluß gingen, um in Louisiana »was auf den Kopf zu stellen«. Jim Langdon erklärte:
Dorthin zu gehen war so, als ob man sündigte. Es war dunkel, es gab Schnaps, Frauen, Gewalt. Es war diese gute alte köstliche Sünde. Wir hatten Gelegenheit, wirklich bedeutende Dinge zu sehen – vielleicht, wie jemand getötet wurde. Die meisten der Kids waren idiotische und gemeine Mother-Fucker-Kids. *Aber wir gingen in einem anderen Geist dahin ... in Hemingwayscher Ehrfurcht. Es war wie in »Fiesta«.*[11]

Im Sommer 1962 schrieb sich Janis an der University of Texas in Austin als Kunststudentin ein. Auf dem dortigen Campus ging es noch reglementierter als in Port Arthur und Beaumont zu. Janis Joplin wurde sofort als Außenseiterin erkannt, da waren jede Menge Leute, von denen sie verspottet und gehaßt wurde.

Es gab ungeschriebene Kleidungsvorschriften: Die Haare mußten zu einer Art Dutt zusammengerafft werden, man hatte schwarze Wildlederhalbschuhe zu tragen und weiße Kniestrümpfe vorzuzeigen. Neben diesen adrett angezogenen Mädchen sah Janis in ihren verwaschenen Jeans, den Tennisschuhen und mit den langen, strähnigen Haaren wie ein Mädchen von einem anderen Stern aus.

Doch sie fand an der Universität in Austin auch gleichgesinnte Freunde. Sie wohnte in einem Apartmenthaus, das The Ghetto genannt wurde und von den Beatniktypen der Universität okkupiert worden war. Und es gab erste Liebesaffären, die allerdings nie von Dauer waren. Als sie einmal mit ihren Freunden zusammensaß, bemerkte sie traurig: »Da sind Jack und Nora, da sind Jim und Rae, da ist dieser und jene, aber es gibt immer nur Janis.« Die jungen Männer ihrer Umgebung interpretierten diese Tatsache aber etwas anders. Jim Langdon, der auch nach Austin zum Studium gekommen war, sagte über Janis' Alleinsein:

Aber andererseits war sie es, die dazugehörte. Unsere Mädchen waren ausgeschlossen. Janis war eine von den Jungs! Ich kann mich an keinen ständigen Mann von ihr erinnern. Sie war immer unabhängig und frei … Ich meine, sie hatte ein großes Selbstbewußtsein zu befriedigen. Sie suchte und brauchte gewiß anderer Leute Anerkennung, aber sie war auch auf sehr bestimmte Art und Weise eine unabhängige Person. Es gab niemanden, der ihr Schicksal in die Hand nahm. Das ist sicher![12]

Mit dem Harmonikaspieler Powell St. John und dem Bassisten und Gitarristen Larry Wiggins bildete Janis in Austin ein ständiges Trio, das sich THE WALLER CREEK BOYS nannte. Sie spielten jeden Sonntagnachmittag im Gewerkschaftshaus und an vielen Samstag- und Mittwochabenden in Treadgill's, einer ehemaligen Tankstelle. Besitzer dieser Bar war Ken Treadgill, ein schon etwas älterer Herr mit einem jungen Herzen, der ein großer Liebhaber von Folkmusik und Blues war. Janis hat ihn mit folgenden, sehr liebevollen Worten beschrieben:

Und da gab es Mr. Treadgill – er übertraf sie alle. Er war alt, ein großer, schwerer Mann mit einem dicken Bauch und weißen, nach hinten gekämmten Haaren auf seinem Kopf… Und irgend jemand sagt dann: »Mr. Treadgill, komm schon, sing uns ein Lied.« Und er sagt: »Nein, jetzt nicht.« Und sie sagen: »Mach schon.« Und er: »In Ordnung.« Er schließt unten die Bar ab und marschiert dann nach vorn. Und er legt seine Hände auf seinen dicken, fetten Bauch, der mit einer Barschürze bedeckt ist, so wie in Duffy's Tavern. Er kommt also heraus und neigt seinen Kopf nach hinten und singt, singt wie ein Vogel, Lieder von Jimmie Rodgers, und er konnte jodeln – mein Gott, er war phantastisch![13]

Die WALLER CREEK BOYS waren eine Hillbilly Band, das heißt sie spielten weiße Country-and-Western-Musik. Doch die musikalischen Grenzen waren fließend und Übergänge zum schwarzen Blues nicht allzu schwierig zu vollführen. Hin und wieder sang Janis auch allein und begleitete sich selbst auf der Autoharp*. Dieses Instrument wurde geradezu ein Erkennungszeichen von Janis, sie vergaß es nie mitzunehmen, wenn sie irgendwo in der Stadt unterwegs war.

Zumindest in der ersten Zeit in Austin war Janis noch keine allzu clevere Sängerin. Ihr fiel es ziemlich schwer, ihre Schüchternheit abzulegen. Sie brauchte dazu eine Menge Alkohol. Zum anderen sang sie in keinem bestimmten Stil, von einem eigenen Stil konnte man ohnehin noch nicht sprechen. Mal imitierte sie Bessie Smith und brachte Töne hervor, die so »offen wie der Himmel von Texas« waren. Dann fiel sie in einen wehmütigen Balladenstil, und danach zirpte sie vielleicht mit einem glasklaren Bluegrass-Stimmchen wie Rosie Maddox. Es hing alles ein bißchen von den Wünschen des Publikums ab. Doch Leute vom Fach wie Ken Treadgill erkannten, daß es mit dieser Stimme etwas Wunderbares auf sich hatte. Außerdem war Janis ja noch nicht einmal zwanzig Jahre alt. Sie brauchte noch Zeit, um sich zu entwickeln.

Doch mit dem Trinken ließ sie sich leider keine Zeit. Alkohol war bei allen Unternehmungen mit im Spiel. (Laut Ken Treadgill hat sie in dieser Zeit noch keine Drogen genommen.) Ein Mitstudent, John Clay, beklagte, daß sich Janis mit den harten Getränken die Stimme kaputt gemacht hätte.

Sie verlor tatsächlich ihre Stimme, bevor sie überhaupt berühmt wurde. Es ist unglaublich! Janis Joplin eroberte Amerika nur mit halber Kraft![14]

An der Universität liefen die Dinge jedoch immer schlechter. Ihr Kunststudium interessierte sie nicht mehr, und das ewige Spießrutenlaufen war kaum noch zu ertragen. Hin und wieder machte sie einen Versuch, sich anzupassen, legte etwas Make-up auf und zog mal was anderes an. Sie wurde aber nur weiter ausgelacht und angefeindet.

Nun versuchte sie es mit Rauschgift. Janis experimentierte mit Peyote**, in dieser Zeit ein legal zu erwerbendes Rausch-

---

* Die Autoharp ist eine besonders leicht zu spielende Akkordzither, die speziell in den Südstaaten der USA noch in regem Gebrauch ist.

** Die chemische Zusammensetzung von LSD ist mit dem Wirkstoff der Peyotepflanze identisch.

mittel aus Mexiko, das »Bewußtseinsveränderungen« hervorrufen soll. Doch die Wirkung, die sich bei ihr einstellte, behagte ihr ganz und gar nicht, und sie mied von da an die sogenannten bewußtseinserweiternden Drogen zeit ihres Lebens. Als ihr Jahre später »aus Versehen« etwas LSD in die Cola gemixt wurde und man ihr, nachdem sie einen Riesenschluck genommen hatte, vom Inhalt erzählte, stürzte sie wie von der Tarantel gestochen zur Toilette und erbrach sich. Auch aus Marihuana machte sie sich nicht viel. Schließlich nahm sie Seconal, ein stark wirkendes Aufputschmittel. Ihr Alkoholkonsum blieb dennoch konstant hoch.

Im Winter 1962/63 ereignete sich dann die Katastrophe, auf die alles zuzutreiben schien. An der Universität wurde der jährliche große Studentenball vorbereitet. Aus diesem Anlaß führte man immer die unterschiedlichsten »Mißwahlen« durch. Auch Janis wurde gekürt. Die gesamte Studentenschaft wählte sie zum häßlichsten Mann an der Universität: *The Ugliest Man on Campus.*

Dies war nun der Gipfel an Intoleranz und Geschmacklosigkeit. Janis Joplin konnte diese Demütigung nie verwinden. In ihren zahllosen Interviews, die sie später als berühmte Sängerin gab, wurde ihre Austiner Zeit zumeist übergangen, so als wollte sie die Stadt durch Nichtnennung strafen. Einige ihrer Unifreunde nahmen ihr das übel und nannten sie undankbar, denn schließlich sei sie ja dort als Sängerin entdeckt und akzeptiert worden. Aber als Mensch hatte man ihr in Austin eine schreckliche und bleibende Verletzung zugefügt. Sie verließ die Stadt und machte sich auf den Weg nach Kalifornien, ins »sagenumwobene« San Francisco.

UNTERWEGS OHNE ZIEL

Selbst für amerikanische Verhältnisse ist San Francisco eine sonderbare Stadt. An Verrücktheit stellt sie Los Angeles, das ja immerhin mit Hollywood geplagt ist, weit in den Schatten. Auch New York, gewiß von verwirrendem Charme und mit jeder Menge Neurotikern – wenn man dem Filmemacher Woody Allen glauben darf –, kann da nicht mithalten. Der Geist, der durch diese Stadt weht, scheint nicht ganz von dieser Welt zu sein.

San Francisco wurde in der zweiten Hälfte des 19. Jahrhunderts am Sacramento River, der an dieser Stelle in den Pazifik mündet, von Goldgräbern gegründet, nachdem diese kleine Missionsstation 1848 von mexikanischem in amerikanischen Besitz übergegangen war. Diese Leute, zumeist Abenteurer, Hasardeure, Desperados, Glücksspieler, vererbten der Bevölkerung von San Francisco eine etwas ungezügelte und leichtsinnige Lebenseinstellung, die trotz aller gutbürgerlichen Anfechtung bis in die sechziger Jahre unseres Jahrhunderts weitestgehend bewahrt blieb.

Fast schon zu einer Tradition hatte es sich entwickelt, daß mitunter sehr eigenartige und verdrehte Typen, die mit Schimpf und Schande aus jeder anderen Stadt gejagt worden wären, in San Francisco eine Heimstatt fanden und dabei die liebevolle Fürsorge der Bevölkerung genossen. Die Grundhaltung gegenüber harmlosen Außenseitern und Spinnern war tolerant und großzügig, wobei die Bevölkerung von San Francisco daran auch noch ihren Spaß hatte.

Schönes Beispiel dafür ist die Geschichte des Goldgräbers Norton, die sich gegen Ende des 19. Jahrhunderts zugetragen hat und die deshalb nacherzählenswert erscheint, weil das eigentümliche Fluidum von San Francisco kaum treffender aufgezeigt werden kann:

Nachdem bewußter Norton im Spiel sein ganzes Vermögen verloren hatte, geriet er in Panik und seine Sinne verwirrten sich. Er begann sich wie Napoleon zu kleiden und erschien in der Redaktion der Zeitung San Francisco Chronicle mit einem Schriftstück, das ihn als »Kaiser Norton den I. von Kalifornien und Protektor von Mexiko« auswies. Niemand dachte daran, den Mann in eine Zwangsjacke zu stecken und in geschlossenen Räumen zu verwahren. Ganz im Gegenteil, Norton genoß die fürsorglichironische Zuneigung der ganzen Stadt, und er wurde tatsächlich fast wie ein Kaiser behandelt. Seine Proklamationen druckte man auf den Titelseiten der Zeitungen. Er mischte sich sogar in die große Politik ein: So regte er eine europäische Friedensordnung an, die durch eine Heirat des deutschen Kaisers mit der englischen Königin Viktoria etabliert werden sollte. Er bezahlte in den Geschäften mit Geld, das Druckereien eigens für ihn hergestellt hatten. Der Goldgräber Norton lebte bis zu seinem Tod als »Kaiser von Kalifornien«, und es gibt heute in San Francisco noch Bars und Kneipen, deren Namen an ihn erinnern.

Dieser Sinn für das Bizarre und Pittoreske ist San Francisco nie abhanden gekommen, und so war es fast folgerichtig, daß in den fünfziger Jahren die Schriftsteller der *beat generation* neben Greenwich Village in New York und Venice bei Los Angeles (man erinnere sich, daß Janis Joplin im Sommer 1961 dort war) an der North Beach von San Francisco eines ihrer Basislager aufschlugen. Im Café »The Cellar« präsentierten sie sich zum ersten Mal der Öffentlichkeit, und der Lyriker Lawrence Ferlinghetti schuf mit der Herausgabe seiner »City Light Books« für viele junge Dichter, so Allen Ginsberg, William Burroughs und Gregory Corso, eine ideale Plattform zum Publizieren.

Auch wenn sie nicht gerade unterwegs waren (das war ihre Lieblingsbeschäftigung, und nicht zufällig hieß ihr wichtigstes Buch »On The Road«), führten die Beats in einer Art lockerem Stammesverband ein Leben außerhalb der amerikanischen Gesellschaft — zumindest soweit dies irgend machbar war. Das Geld, das sie zum Leben benötigten, verdienten sie mit Gelegenheitsarbeiten. Kaum einer konnte von seiner Kunst leben. Allen Ginsberg hatte zum Beispiel einschlägige Erfahrungen als Straßenarbeiter. Geistig wollte man mit der etablierten Gesellschaft nichts zu tun haben, und so erklärte ein ungenannt gebliebener Beat-Autor einem Werbemanager: »Ich schrubbe ihre Fußböden und spüle ihr Geschirr, wenn ich davon leben kann, aber ich denke nicht daran, für sie zu lügen oder schmutzige Geschäfte zu machen.«

Die Regeln ihres Zusammenlebens waren zwar sehr einfach, doch verlangten sie eine hohe Moral: gegenseitige Hilfe und Kameradschaft, Gastfreundschaft, Bescheidenheit und Bedürfnislosigkeit. Zu Beginn der sechziger Jahre verbreiterte sich diese Bewegung ganz erheblich, und immer mehr Leute, vornehmlich Jugendliche aus der Mittelschicht, strömten nach San Francisco, um ein Leben nach diesen Idealen zu führen.

Unter ihresgleichen

Janis Joplin kam im Januar 1963 in San Francisco an. Sie hatte Austin fluchtartig verlassen und erreichte nach einer knapp drei Tage dauernden Fahrt per Anhalter ziemlich erschöpft und abgekämpft Kalifornien. Begleitet wurde sie auf dieser ihrer ersten großen Tramptour von einem rothaarigen Burschen namens Chet Helms. Er war ebenfalls Exstudent der Universität von Texas, hatte Austin aber schon 1961 verlassen, weil er sich in der Bürgerrechtsbewegung engagiert hatte. Er war nach San Francisco gegangen, trieb sich aber sonst noch überall in den Vereinigten Staaten herum. Im Winter 1962 verschlug es ihn wieder einmal nach Austin, wo er Janis traf und sie in Treadgill's singen hörte. Chet Helms kannte sich in der San-Franciscoer Folkszene ganz gut aus, überredete sie, mit ihm zu kommen und es in Kalifornien als Sängerin zu versuchen. Nachdem Janis auf der Universität mit soviel Niedertracht behandelt worden war, fiel ihr die Entscheidung wegzugehen nicht schwer.

Gleich an einem ihrer ersten Abende in San Francisco sang Janis im »Coffee and Confusion« und erntete begeisterten Beifall. Das waren nun wirklich ihre Leute. Irgend jemand ging mit einem Hut herum und sammelte für sie vierzehn Dollar. In Texas war solches Gebaren nicht erlaubt, aber hier schien tatsächlich alles zu gehen. Janis sang nun regelmäßig in den Cafés im North-Beach-Viertel, das die Beatniks gänzlich für sich und ihre jugendliche Gefolgschaft okkupiert hatten, und wurde eine lokale Berühmtheit. Es sprach sich schnell herum, daß es da ein stämmiges Mädchen gab, welches stets mit einem schmuddligen Männerhemd und abgerissenen Jeans herumlief und das einem mit seiner Stimme »das Rückgrat ausbrennen konnte«.

Zumeist sang Janis a capella oder begleitete sich selbst auf Autoharp oder Gitarre, sie hatte sich das Spielen so nach und nach beigebracht. Mitunter wurde sie aber auch von dem Gitarristen Jorma Kaukonen unterstützt, der wenige Jahre später mit der Gruppe JEFFERSON AIRPLANE weltberühmt werden sollte. Auch trat sie gemeinsam mit den Folksängern Roger Perkins und Larry Hanks auf. Doch das Geld, das Janis als Sängerin verdiente, reichte nicht ganz aus – schließlich war das ja alles von einer professionellen Karriere noch weit entfernt. So hat sie sich ihre Finanzen mit Gelegenheitsjobs aufgebessert. Gewiß sind in diesen Jahren keine Reichtümer angehäuft worden, aber zum Leben reichte es allemal. Sie schaffte es sogar – und damit stand Janis Joplin in gewissem Widerspruch zu ihrer Umgebung –, sich ein kleines Bankkonto einzurichten. Natürlich hat sie diese Tatsache verheimlicht, nur die besten Freundinnen wußten davon. Allerdings nahm sie auch Sachen von der Heilsarmee an, und zeitweilig gelang es ihr, Arbeitslosenunterstützung zu bekommen. Im Sommer 1963 wurde sie bei einem Ladendiebstahl erwischt und für kurze Zeit festgenommen. Von diesem unrühmlichen Ereignis zeugt ein von der Polizei aufgenommenes »Verbrecherfoto«. Tragisch nahm das niemand, und unter den Beatniks galt das eher als Heldentat.

Hier an der North Beach hatten sich die sonderbarsten Typen und komischsten Vögel der Vereinigten Staaten niedergelassen. Niemand lachte über Janis Joplin, weil sie anders war. Hier war sowieso jeder anders. In dieser vom allgemeinen *American Way of Life* abgekoppelten Gegend erschien jedes noch so seltsame Gebaren und jeder noch so phantastische Aufzug ganz natürlich. Das war eine fröhliche Gemeinschaft. Man machte sich keinerlei Sorgen um die Zukunft, lebte ins Blaue hinein, und jeder schien glücklich und zufrieden. Das war die Art und Weise, wie sie die Welt verbessern wollten: Ihr positives Beispiel sollte auch die anderen bekehren. Da waren keine wildentschlossenen Fanatiker am Werk, sondern Träumer, vielleicht sogar Spinner. Jedenfalls hatten sie nicht vor, nach althergebrachter Methode – also mit enormer Willens- und Kraftentfaltung – die Welt zu verbessern. Die jungen Leute von San Francisco packten die Sache mit lockerer Hand an. Alles, was sie taten, sollte Spaß machen und Freude bringen.

Doch trotz aller Fröhlichkeit und der Kameradschaft, die im North-Beach-Viertel von San Francisco herrschte, ging es Janis Joplin dennoch nicht gut. Sie fühlte sich, genau wie in Austin, inmitten ihrer Freunde alleingelassen und war einsam. Auch die Anerkennung als Sängerin half da nicht viel. Schließlich war sie ja doch nur eine Caféhausdiseuse, die »für den Hut sang«. Eine professionelle Karriere gelang nicht – es ist überhaupt zweifelhaft, ob sie in dieser Zeit das Singen schon als ihre Berufung erkannt hat. Laut Aussage ihres Freundes John Clay soll sie jedoch bereits 1963 beim Folk Festival in Monterey (Kleinstadt südlich von San Francisco, die wenige Jahre später wegen eines anderen Festivals weltberühmt wurde) dabeigewesen sein, aber es gab nach ihrem Auftritt dort entweder keine Angebote oder diese haben sie nicht erreicht.

Obwohl Janis Joplin dem Mief und der Enge des texanischen Kleinstadtlebens entronnen war und jetzt nicht mehr von ihrer Umwelt angefeindet wurde, blieb sie in ihrem Inneren unzufrieden und unbefriedigt. So sehr dieses freie und ungebundene Leben dem nahe kam, was sie sich immer gewünscht hatte, ihre wahren Sehnsüchte wurden dadurch nicht gestillt.

Janis sings the blues

Janis Joplin hatte den Blues, und sie sang den Blues. In ihrem damaligen Repertoire befanden sich einige der schönsten und bekanntesten Bluessongs. Der Ausdruck, den sie in diese Lieder hineinlegte, war echt und ergreifend. Mit Hingabe und mit einer großen, intonationssicheren Stimme sang hier eine traurige und einsame Frau:

Tief betrübt, ich bin traurig, will es aber nicht immer sein.
Eines Tages scheint auch in meine Hintertüre die Sonne
herein.

Ich bin völlig allein um Mitternacht, und die Lampen sind
niedergebrannt;
Niemals zuvor in meinem Leben hab ich soviel Kummer
gekannt.

Kummer in der Liebe überfällt mich, das tut meiner Seele
wirklich weh.
Manchmal glaub ich zu leben, manchmal ist mir's, als ob
ich zum Sterben geh.

Ich werd meinen Kopf auf ein einsames Eisenbahngleis legen,
Laß den Zwei-Uhr-neunzehn-Zug meiner Seele Ruhe geben.

Tief betrübt, ich bin traurig, will es aber nicht immer sein.
Eines Tages scheint auch in meine Hintertüre die Sonne herein.[1]

Oben zitiertes *Trouble In Mind* wurde von Berta Chippie Hill gesungen, aber natürlich auch von anderen Bluessängern. Es ist einer der berühmtesten Blues.

See See Rider wurde zuerst durch die »Mutter des Blues« Ma Rainey bekannt. Daß in den zweiten Verszeilen immer der Lord (Herr, Gott) angerufen wird, mag einem wie Blasphemie vorkommen, zeigt aber nur, daß der Blues und das Spiritual viele Gemeinsamkeiten haben und eine strikte schematische Trennung nicht möglich ist. Janis Joplin bleibt in ihrer Interpretation ganz auf der Linie von Ma Rainey, klare und besonnene Eindringlichkeit herrscht im Gesang vor und bildet so einen fast wahnwitzigen Kontrast zu dem angriffswütigen Text:

Ich bin so unglücklich,
ich fühl mich so traurig,
ich will mich so elend fühlen:
Ich hab einen Fehler gemacht,
Gleich von Anfang an —

Oh, es scheint zu schwer zu sein, sich zu trennen.
Oh, an den Brief,
Den ich schreiben will,
Wird er hoffentlich denken,
Wenn er ihn liest:

Sieh, sieh, Liebster, sieh, was du getan!
Gott, Gott, Gott.
Du hast mich in dich verliebt gemacht, jetzt kam dein
                                        Mädchen an.
Du hast mich in dich verliebt gemacht, jetzt kam dein
                                        Mädchen an.

Ich geh fort, Baby, komm vor Herbst nicht zurück.
Gott, Gott, Gott.
Geh fort, Baby, komm vor Herbst nicht zurück.
Find ich für mich einen guten Mann, komm ich überhaupt
                                        nicht zurück.

Ich werd mir eine Pistole kaufen, grad so lang wie ich groß.
Gott, Gott, Gott.
Werd meinen Mann töten und fahr mit dem Cannon Ball los,
Wenn er mich nicht hat, ist er überhaupt alle Mädchen los.[2]

  Careless Love ist ein in unzähligen Versionen verbreiteter
Blues. Janis Joplin sang dieses Lied ganz im Stil ihres großen
Vorbildes Bessie Smith. Sie fühlte jedes Wort so, als ob es ihr
auf den Leib geschrieben wäre:

Liebe, o Liebe, o lieblose Liebe,
Du steigst mir in den Kopf wie Wein.
Du hast das Leben so manches armen Mädchens zerstört
Und hättest fast auch mein Leben zugrunde gerichtet.

Liebe, o Liebe, o lieblose Liebe,
In den Fängen deiner Begierde
Hast du mich manchen Treueschwur brechen lassen
Und meine reine Seele entflammt.

Liebe, o Liebe, o lieblose Liebe,
Mein ganzes Glück hab ich verloren,

Du hast mein Herz mit dem elenden alten Blues gefüllt,
Nun gehe ich und sprech zu mir selbst:

Liebe, o Liebe, o lieblose Liebe,
Vertraute dir, jetzt ist es zu spät,
Deinetwegen habe ich meinen einzigen Freund fallenlassen,
Das ist der Grund, warum ich dieses Lied des Hasses singe.

Liebe, o Liebe, o lieblose Liebe,
Tag und Nacht weine und klage ich,
Du brachtest den schlechten Mann in mein Leben,
Für meine Sünden will ich bis zum Jüngsten Gericht büßen.[3]

Genau wie in diesen großartigen Bluessongs (obwohl sich die Thematik ihrer Lieder nicht änderte, hat sie später nie wieder solch gute Texte gesungen — sie benutzte dann die Worte wohl eher als Material für einen onomatopoetischen, d. h. lautmalerischen, Klageschrei) spielte sich auch Janis Joplins Leben ab. Das war ihre »Erkennungsmelodie«: Der Mann hat sie verlassen, sie ist allein und traurig, sie hat den Blues!

Es ist Gift, das dich berauscht

Janis suchte nach »einem guten Mann« (Songtitel *One Good Man* auf der LP I GOT DEM OL' KOZMIC BLUES AGAIN MAMA!), konnte aber keinen finden. Sie hatte zwar jede Menge Affären, sogenannte *One Night Stands* (Eine-Nacht-Abenteuer), doch es ist nie etwas Rechtes daraus geworden. In einem ihrer Lieder, das sogar *One Night Stand* heißt und erst 1982 auf der LP FAREWELL SONG veröffentlicht wurde, sang sie: »Überall, wo ich bin, versuchen die Leute, ein Zimmer neben meinem zu bekommen. Das ist okay, solange ich am nächsten Tag abhauen kann.«

Da ihre Männerbekanntschaften immer auf die gleiche kurze Art und Weise zu enden schienen, kam die Vermutung auf, daß das nicht immer an den Männern liegen müsse. Manchmal sah es so aus wie »ein Suchen, um nicht zu finden«. Ihre Freundin Ellen Harmon sprach es offen aus: »Sie liebte es, wenn es schief ging.«

Janis Joplin geriet in San Francisco mitten in die Drogenszene hinein. Sie glaubte, all ihre Probleme vermittels des Drogenrausches lösen zu können. Und tatsächlich existierten, wenn man high war, keine Probleme mehr, doch hinterher hatte die Wirklichkeit für einen noch mehr Sorgen parat. In einem Interview mit David Dalton bekannte sie:

Ich wollte Rauschgift rauchen, Rauschgift einnehmen, Rauschgift lecken, Rauschgift saugen, mich darin verlieben. Alles, was ich in die Hände bekommen konnte, wollte ich probieren… Hey, Mann, was ist das? Ich werde es versuchen. Wie nimmt man es? Schleckt man es? Nein. Du schluckst es? Also werde ich es auch schlucken.[4]

Ein solches Vorgehen ist selbstzerstörerisch, auch wenn man bedenkt, daß ihr die Gefahren des Drogenkonsums nicht bewußt waren. Die Naivität des Drogenanfängers besteht ja gerade darin, daß er glaubt, alles unter Kontrolle zu haben und, falls es wirklich gefährlich werden sollte, jederzeit aussteigen zu können. Wenn er sich der Gefahren bewußt wird, ist es fast immer zu spät, und im Entzug muß der Süchtige dann eine Hölle durchmachen.

Rauschgift wird in erster Linie als »Schmerzkiller« benutzt – der Süchtige hofft damit die Belastungen des Alltags leichter ertragen zu können. Bei Janis scheint es aber auch noch den Grund gegeben zu haben, daß sie damit ihre neue Umgebung beeindrucken wollte. Sie war auf Anerkennung aus, das Singen allein genügte ihr bei weitem nicht, ihren großen Ehrgeiz zu befriedigen.

Doch gab es einen weiteren Anlaß für ihren Drogenkonsum, der von Anfang an, zumindest in den ersten Jahren, ebenfalls eine Rolle spielte. Darin war sie sogar so etwas wie eine Vorreiterin, denn dieser Aspekt kam eigentlich erst durch die psychedelische Welle in der zweiten Hälfte der sechziger Jahre in Mode: Janis wollte im Rausch nicht nur ihren Kummer vergessen, sie suchte auch nach Erkenntnis. Janice Knoll, eine enge Freundin aus jenen Jahren, sagte über die intellektuelle Seite der Drogenexperimente:

Sie war wirklich auf einem sehr starken ästhetischen, intellektuellen Trip. Nietzsche! Hesse! Wahrheit! Leben! Zen! Diese Sache, du weißt, was ich meine. Man benutzt Speed, um fröhlich zu sein, aber um die Wahrheit zu finden…? Ich meine, es war nicht so: einfach bloß high werden und dann in den Park gehen. Es war, mehr oder weniger, high werden und sehen, was passiert. Wir lasen unheimliche Mengen an Büchern. Wir diskutierten eine Menge wirklich schweren intellektuellen Zeugs... und das war der Trip, auf dem wir wirklich waren.[5]

Ihre Bücher

Janis Joplin hatte ein besonders enges Verhältnis zur Literatur. Dieses war gewissen Wandlungen unterworfen, obwohl sie zeit ihres Lebens eine eifrige Leserin blieb. In den frühen Jahren wurde sie von bestimmten Büchern beeinflußt. Als sie aber ein Rockstar wurde, suchte sie der Öffentlichkeit zu verheimlichen, daß sie eine große Neigung zum Lesen hatte. Sie schien zu glauben, daß man deshalb ihre Spontaneität auf der Bühne in Zweifel ziehen würde und sie intellektueller Winkelzüge verdächtigen könnte. Nur in Gesprächen mit guten Freunden sprach sie über Bücher, doch selbst dann mit einem geheimnisvollen und zögernden Unterton. Genauen Beobachtern wie David Dalton kam es mitunter so vor, als ob Janis inmitten ihrer Buchhelden ein zweites Dasein führte, das von Wünschen, Hoffnungen und Enttäuschungen beherrscht wurde wie ihr wirkliches Leben. Als sie in einem Interview gefragt wurde, ob sie sich mit Zelda Fitzgerald, Frau und »Modell« des Schriftstellers Francis Scott Fitzgerald, identifiziere, gab sie das unumwunden zu:

Ja, natürlich. Das ist doch ganz offensichtlich. Wir beide haben die gleiche Art und Weise zu leben. Nur, sie war glücklicher, sie hatte ihn. Sie hat herausgefunden, wer sie eigentlich war. Aber ich glaube nicht, daß ihr Ende notwendigerweise ein Resultat dessen war. Es scheint mir, daß ihre vereitelten Ambitionen und ihre Südstaatenerziehung sie zu Fall gebracht haben.[6]

»Zelda Fitzgerald war das amerikanische Mädchen«, schrieb Zeldas Biographin Nancy Milford, »das den amerikanischen Traum lebte und in diesem Traum wahnsinnig wurde.« (Sie kam 1948 in einer Nervenklinik ums Leben.) In den USA hatte sich in den fünfziger Jahren um die beiden Fitzgeralds ein Mythos gebildet, und die Legende um das »amerikanische Traumpaar des jazz age« erhielt immer neue Nahrung durch Veröffentlichungen von Schriftstellern, Literaturwissenschaftlern und Journalisten. Janis Joplin kannte sich wie kaum ein anderer in der Fitzgerald-Literatur aus und benutzte diese Bücher, um zwischen Zelda und sich eine Beziehung herzustellen, die keineswegs nur intellektuelle Spielerei oder wichtigtuerische Selbstbespiegelung war. Es ging Janis um eine reichlich handfeste Art von Identifikation, und sie hoffte, daraus Gewinn für die Lösung eigener Probleme ziehen zu können. Sie vergaß nie, sich selbst ins Spiel zu bringen, wenn sie eine Geschichte von Zelda erzählte:

Sie war genauso verrückt wie ich. Ich habe gerade gelesen, wie sie auf dieser Tanzveranstaltung war, und danach verließ sie den Tanz in ihrem Samtkleid, in den Händen einen Strauß Rosen... Als sie die Straße entlang lief, kam sie an einem Fotogeschäft vorbei, wo im Schaufenster ein Bild von einem ihrer Kavaliere hing. Das Mädchen, das mit ihr zusammen war, machte die doofe Bemerkung, daß er lieber bei ihr sein sollte, als im Schaufenster herumzuhängen. Weißt du, was sie tat? Sie trat mit dem Fuß die Scheibe ein, nahm die Fotografie heraus und ging verwegen und frech in ein Café, wo sie eine Verabredung hatte. Ich meine, sie war wirklich verrückt.[7]

Zelda Fitzgerald war eine außergewöhnliche Frau mit einem exzeptionellen Lebensweg, aber das allein hätte Janis noch nicht so übermäßig beeindruckt. Die eigentliche Faszination ging für sie davon aus, wie dieses Leben zur Legende wurde. Würde ihr Leben auch aus dem Stoff sein, aus dem Legenden geformt werden? Gewiß hoffte sie das.

Von Janis' Freunden wurde glaubhaft versichert, daß sie den Roman »Schau heimwärts, Engel« von Thomas Wolfe fast auswendig kannte. Sie schleppte das Buch, das zu guter Letzt in einem erbärmlichen und zerschlissenen Zustand war, überall mit hin: ins Plattenstudio, auf Tournee, in ihre Garderobe, ins Hotelzimmer, ins Flugzeug. David Dalton inspizierte einmal Janis' voluminöse Handtasche und fand dort neben den üblichen Utensilien die unvermeidliche Flasche Southern Comfort (leer) und zwei dicke Bücher: Nancy Milfords »Zelda« und Thomas Wolfes »Schau heimwärts, Engel«.

Vieles in Thomas Wolfes Romangiganten, einem von Bildern und Gedanken schier überquellenden und ungezügelt dahinströmenden Werk, konnte Janis mit ihrem eigenen Leben in Verbindung bringen. Thomas Wolfe behandelte in seinem Roman die freudlose Kindheit und Jugend eines Südstaatenjungen, der Wärme und Zuneigung sucht, sie aber in seiner Umgebung nicht finden kann. Diese Welt kannte Janis nur zu gut, es war der konservative Süden, wo sich in der bürgerlichen Mittelschicht geistige Trägheit und Arroganz zu einer sterbenslangweiligen Mischung zusammengebraut hatten, die das öffentliche Leben in den fünfziger Jahren noch genauso beherrschte wie zu Anfang des Jahrhunderts. Der Romanheld Eugene Grant floh in die großen Städte des Nordens. Auch Janis Joplin war geflohen, doch ging sie nicht nach Boston oder New York, sondern sie landete in Kalifornien.

Auf Tramptour

Als in ihrem ersten Jahr in San Francisco die Dinge doch nicht so liefen, wie sie es sich vorgestellt hatte, versuchte Janis mit einem altbewährten Mittel, ihr Unglücklichsein loszuwerden. Sie stellte sich auf die Straße und trampte quer durch die Vereinigten Staaten. Sie war in New York, in Memphis und wieder in New York. Diesmal blieb sie fast sieben Monate an der Ostküste. Janis wohnte mit ihrer Freundin Janice Knoll zusammen in einer Wohnung in der Lower East Side, einem Slumviertel mit einem leicht intellektuellen Ambiente. Kurzzeitig arbeitete sie in einer Datenverarbeitungsfirma – zumindest schrieb sie das ihren Eltern. Auch ließ sie ihre Mutter wissen, daß es mit ihrer Karriere als Sängerin voranginge. Diese reagierte darauf postwendend und schickte ein selbstgenähtes Bühnenkleid nach New York. Das Kuriose an dieser Geschichte ist, daß Janis, die später in den verrücktesten Klamotten herumlief, dies Kleid zu auffallend fand.

Sie sang nur hin und wieder in einem Club im Greenwich Village, dem New-Yorker Künstlerviertel. Dort beherrschten Folksänger wie Bob Dylan, Joan Baez und Phil Ochs die Szene. Janis Joplin, die sich eine Gitarre gekauft hatte und sich damit selbst begleitete, wurde von den New-Yorkern nicht beachtet.

New York war für sie eine schlimme Erfahrung. Sie mochte diese Stadt nicht, hier ging es ihr viel zu hektisch und brutal zu.

Nur die ganz Cleveren und Ausgekochten hatten eine echte Chance. Janis war mit dieser Stadt überfordert. Von den philanthropischen Idealen der Beatniks war in der dortigen Kunstszene kaum etwas zu spüren.

Im Herbst 1964 ging Janis wieder zurück nach San Francisco. Ihr Drogenkonsum war in New York bis an die Grenze des physisch Verkraftbaren gestiegen, sie war zu einem Speedfreak* geworden, sah völlig heruntergekommen und ausgezehrt aus. Ihr stattliches Körpergewicht von etwa 150 Pfund war auf klägliche 88 Pfund zusammengeschrumpft. In ihrem Blick war eine unsägliche Trauer, sie war am schlimmen Ende ihrer Rauschgiftsucht angelangt. Entweder sie schaffte den Entzug, oder sie würde hinfort nur noch als menschliches Wrack durch die Welt taumeln, willenlos und ziellos.

Janis hatte in New York gelernt, sich Methadrin zu spritzen. Im streng medizinischen Sinn macht Methadrin nicht süchtig, es ruft keine unmittelbaren physiologischen Veränderungen im Körper hervor, der Stoffwechsel bleibt weitestgehend normal. Dennoch verursacht das Absetzen dieser Droge wahre Höllenqualen und gelingt nur mit allergrößter Willensanstrengung. Wenn der Abhängige es nicht schafft, davon loszukommen, ist der körperliche Verfall nicht mehr aufzuhalten. Er führt zwar nicht direkt zum Tod, doch Physis und Psyche werden auf schreckliche Weise deformiert.

Als Janis wieder in San Francisco war, bekam sie oft Besuch von Bob Clark, einem alten Freund aus Austin. Dieser erinnerte sich später daran, wie sie ihn vor dem exzessiven Gebrauch des Methadrin warnte:

Bob, man kann eine ganze Menge davon lernen, aber eine Sache kannst du davon nicht lernen, wenn du es nicht von der Zeit lernst. Und das ist es nicht wert, weil es deinen Körper zu sehr kaputt macht... Laß nie irgend jemanden mit einer Nadel an dich heran![8]

---

* Speed ist in der Rauschgiftszene das Wort für Amphetamine oder auch Weckamine, die eine Großhirnstimulans bewirken und deren chemische Zusammensetzung dem des Adrenalin ähnlich ist. Eines der am stärksten wirkenden Mittel ist Methadrin.

Im Mai 1965 geschah ein folgenschweres Ereignis. Janis Joplin ging zu einem Krankenhaus in San Francisco und behauptete in der Aufnahmestation, daß sie am Durchdrehen sei. Doch man sagte ihr dort, sie sei nicht verrückt, und schickte sie wieder nach Hause.

Über diese Episode vor der Tür der psychiatrischen Station des Krankenhauses hat Janis selten gesprochen, und wenn, dann niemals mit ironischem Unterton. Für sie war das tödlicher Ernst – sie hatte versucht, mit aller Macht von den Drogen loszukommen.

Wieder daheim

Im Sommer 1965 kehrte Janis Joplin noch einmal nach Port Arthur zurück. Sie hatte sich in eine halbwegs normale Verfassung gebracht und konnte ihren Eltern gegenübertreten, ohne daß diese gleich ängstliche Fragen stellten.

Sie hatte einen jungen Mann kennengelernt, der sie heiraten wollte. Wenn alle Vorbereitungen dafür getroffen wären, sollte ihr Bräutigam von San Francisco aus nachkommen, um die Hochzeit zu vollziehen. Das war der offizielle Grund für Janis' Rückkehr nach Port Arthur. Der zweite Beweggrund, von dem aber ihre Eltern nichts wissen durften, war der Kampf gegen ihre Rauschgiftsucht. Janis mußte unbedingt aus San Francisco weg, weil dort ihre Überlebenschance mit jedem Tag geringer wurde. Die Versuchung, zur Droge zu greifen, war einfach zu groß. In Port Arthur hingegen gab es kaum eine Gelegenheit, Methadrin zu beschaffen.

Janis versuchte, sich mit aller ihr zur Verfügung stehenden Kraft in die konservative und spießige Südstaatengesellschaft zu integrieren. Sie kleidete sich den Gepflogenheiten ihrer Umgebung gemäß und unterließ alles, was die Port Arthurianer als Provokation auffassen könnten. Sie schrieb sich im College in Lamar für die Studienrichtung Soziologie ein, besuchte zunächst regelmäßig die Vorlesungen und bestand erste Prüfungen mit Bravour.

Sie hielt sich von allen Parties und Festen fern, und wenn sie doch mal überredet werden konnte, irgendwohin mitzukommen, saß sie still in der Ecke, nippte an einem Weinglas und war im-

Mit ihrem Hund George, 1967

mer die erste, die nach Hause ging. Ihre alten Freunde fanden diese Janis Joplin stinklangweilig.

Niemand ahnte etwas von ihren wirklichen Problemen, von ihrer schrecklichen Furcht vor den Drogen und vor sich selbst. Der einzige, mit dem sie darüber offen sprechen konnte und der ihren verzweifelten Hang zur Selbstzerstörung kannte und eindämmen sollte, war ihr Therapeut Bernard Giarritano.

Aber wirklich helfen konnte auch er nicht. Er registrierte zwar ihren Versuch, eine ganz normale Mittelstandsbürgerin zu werden, wußte aber genau, daß dieses eigentlich wilde und extrovertierte Mädchen mit ihren unterwürfigen Bemühungen chancenlos war. Sie konnte nicht über ihren eigenen Schatten springen. Zudem nahmen die Bürger von Port Arthur Janis Joplin trotz ihrer sichtbaren Anstrengungen nicht an, sie sahen in ihr nach wie vor eine halbverrückte Type, mit der sie lieber nichts zu tun haben wollten. Sie waren unversöhnlich und nachtragend, diese Südstaatler! Bernard Giarritano beschrieb den Zustand seiner Patientin:

Janis litt, und sie wußte, daß sie litt. Sie erzählte, wie dreckig es ihr gegangen war und daß sie gedacht hatte, wenn sie hierher zurückkäme, würde es ihr schon gelingen, da raus zu kommen. Aber es schien so, als ob ihr nichts helfen würde, auch dann nicht, wenn sie sich »verbürgerlichte« und eine allgemein anerkannte Sache machen würde.[9]

Offenbar hoffte Janis, wenn sie erst ordentlich und standesgemäß verheiratet wäre, würden sich die Dinge schon noch ins rechte Maß fügen. Ihre Mutter nähte an einem Hochzeitskleid, und ihr großer Tag rückte immer näher. Der Bräutigam verließ wohl San Francisco, kam aber nicht nach Port Arthur, sondern ging nach New York. Er brach sein Versprechen und verdrückte sich klammheimlich. Die Informationen über diesen Mann sind sehr widersprüchlich. Offenbar rechnete man ihn zur zumindest halbkriminellen Szene. Er war rauschgiftsüchtig, ein Dealer und moralisch ziemlich heruntergekommen. Mit reichlich Charme und Intelligenz ausgestattet, übte er auf Frauen eine starke Anziehung aus. Janis war gewiß mit Blindheit geschlagen, wenn sie hoffte, daß dieser Mann sie heiratete.

Es war klar, daß eine Hochzeit nicht stattfinden würde. Welch schwerer Schlag das für Janis gewesen sein mußte, kann man kaum ermessen. Da waren ja nicht nur Verrat und Demütigung im Spiel, sie hatte an diese Hochzeit ihre Lebenschance geknüpft. Was sollte nun bloß aus ihr werden?

Janis ließ sich nach außen hin nicht anmerken, wie schwer sie von dem Hochzeitsdebakel getroffen war. Sie lebte weiter wie bisher und versuchte, sich in den texanischen Kleinstadtalltag zu integrieren. Als ihr Freund aus alten Tagen, Dave Moriaty, der gerade von einer Tramptour durch Europa zurückgekommen war, sie in Port Arthur besuchte, wollte er nicht glauben, was mit ihr geschehen war:

Sie fand mein Tramperdasein zwar großartig, aber sie sagte, ihre »Gammlertage« seien vorbei. Sie wird eine Büroangestellte, bekommt einen Job als Sekretärin und will nie wieder ein »schlechtes Mädchen« sein. Ich war bestürzt. Ich wußte, Janis ist keine Büroangestellte und sie ist niemandes Sekretärin![10]

Doch Janis begann wieder zu singen. Nach einem Auftritt in Austin in einem Club mit dem geheimnisvollen Namen »The Eleventh Door« stand in der Zeitung The Austin Statesman eine begeisterte Kritik, die in der Bemerkung gipfelte, daß es in Texas von Leadbelly an eine Reihe großartiger Bluessänger gegeben habe und Janis Joplin eine der großartigsten sei. Als eine Freundin der Familie diesen Artikel gelesen hatte, sagte sie zu Janis' Mutter: »Dorothy, du hast keine Chance.«

Bis zu diesem Jahr mag Janis ihre Singerei selbst nicht allzu ernst genommen haben, aber jetzt, da sie in allen anderen Dingen gescheitert war, wollte sie diese Karriere. Und sie schien zu spüren, daß das Singen sie retten konnte. Auch ahnte sie vielleicht, daß das einzige Glück und die einzige Befriedigung, die sie jemals erlangen sollte, in der Musik liegen würden.

Auf der 1975 bei CBS erschienenen Doppel-LP JANIS gibt es zwei Plattenseiten mit Mitschnitten von frühen Clubauftritten. Leider sind die Angaben, wo, wann und mit wem Janis Joplin da gespielt hat, sehr im Vagen gehalten.

Vier Titel wurden mit der TED OXTON JAZZBAND 1965 in San Francisco aufgenommen. Die Band spielte in traditioneller Jazzmanier (es schienen sehr gute, vielleicht sogar professionelle Musiker gewesen zu sein) und begleitete Janis bei den bekannten Songs *Black Mountain Blues*, *Walk Right In* und dem Gospel *River Jordan*. Der Song *Mary Jane* ist als ein von Janis Joplin geschriebenes Stück ausgewiesen. Der Text erzählt auf eine sehr schwer verständliche Art und Weise von einem »gefallenen Mädchen«. Da aber Mary Jane auch ein Slangausdruck für Marihuana ist, könnte es sich außerdem um einen Drogensong handeln.

Die anderen Aufnahmen wurden mit Gitarre- und Mundharmonikabegleitung eingespielt. Die Hintergrundgeräusche verbreiten Kneipenatmosphäre. Gläser klirren, und die Leute unterhalten sich und lachen. Laut Plattencover sind die Mitschnitte 1963 und 1964 in Austin gemacht worden. Dies erscheint jedoch unwahrscheinlich, da sich Janis Joplin in dieser Zeit in San Francisco oder New York aufgehalten hat. Doch ganz auszuschließen ist es nicht, da sie auf ihren Reisen zwischen West- und Ostküste auch in Austin hätte Station machen können.

Aller Wahrscheinlichkeit nach handelt es sich bei den Musikern um die WALLER CREEK BOYS, Powell St. John und Larry Wiggins. Die aufgenommenen Titel sind zumeist berühmte Blues, neben den drei oben zitierten Stücken *Trouble In Mind*, *See See Rider* und *Careless Love* singt Janis Joplin solch bekannte Songs wie Jesse Fullers *San Francisco Bay Blues*, Jelly Roll Mortons *Winin' Boy* und Charlie Parkers *Kansas City Blues*. Auch ein berühmter Country-and-Western-Song ist unter den Aufnahmen, *Silver Threads And Golden Needles*. Bei drei Liedern wird Janis Joplin als Autorin genannt: *What Good Can Drinkin' Do* ist eine verwegene Lobeshymne auf wochenendliche Saufgelage. *No Reason For Livin'* ist ein sehr pessimistischer Song, der wenig Raum für Hoffnung läßt. Der dritte Blues heißt *Daddy, Daddy, Daddy* und scheint musikalisch gänzlich von Bessie Smith inspiriert zu sein.

Im Frühling 1966 faßte Janis Joplin durch ihre wachsenden Erfolge und die gute Resonanz in der Presse wieder Mut. Sie ließ ihre depressive Phase hinter sich und begann, um ihre Zukunft zu kämpfen. Sie hatte die Absicht, als Sängerin in die Austiner Rockgruppe THE THIRTEENTH FLOOR ELEVATORS einzusteigen. Doch dann tauchte in Texas ein gewisser Travis Rivers auf, sie kannte ihn noch von ihrer High-School-Zeit. Chet Helms hatte ihn nach Austin geschickt, damit er Janis zurück nach San Francisco holte. Die Rock'n'Roll-Band BIG BROTHER AND THE HOLDING COMPANY suchte eine Sängerin.

IM »GELOBTEN LAND«

Janis Joplin reiste aus Austin am 30. Mai 1966 ab. Die Legende berichtet, daß der Entschluß, Texas zu verlassen, im Bett gefaßt wurde. Dieser Travis Rivers muß sich ihr als derart phantastischer Liebhaber offenbart haben, daß Janis die Angst vor der kalifornischen Drogenszene überwand und mit ihm zurück nach San Francisco ging. Zumindest äußerte sie sich später immer in diesem Sinne, obwohl allen, die Janis gut kannten, klar war, daß eigentlich die Musik sie nach Kalifornien gezogen hatte.

Während sie unterwegs war, schrieb sie an ihre Freundin Linda Gottfried einen längeren Brief. Dieser soll hier ausführlich zitiert werden, da er auf sehr anschauliche Weise zeigt, daß Janis trotz ihres Entzückens über ihren außerordentlich potenten Gespielen dennoch zu glasklaren Gedanken fähig war und die Sache im vollen Bewußtsein der vor ihr liegenden Schwierigkeiten anpackte:

Linda!

Großer Gott, Du kannst Dir nicht vorstellen, wo ich bin. Ich sitze auf dem Rücksitz eines Autos (entschuldige die Schrift)… und fahre nach San Francisco. Ich weiß wirklich nicht, wie das geschah. Ich kam runter nach Austin und traf da diesen Typen, den ich von früher kannte: Travis Rivers, der nun in San Francisco lebt. Er ist von Chet Helms geschickt worden, der jetzt in San Francisco ein großer Mann ist und riesige Tanzveranstaltungen organisiert. Mit großartigen neuen Rock and Roll Bands, und Bill Hamm macht Lichtshows, und Helms hat zwei Bands laufen und trägt poppige Klamotten etc. Er wollte, daß ich da hin

Mit Chet Helms in San Francisco,
1967

komme und bei dieser Bluesband singe, die er hat. So hab ich ihn heute früh angerufen, und er bekräftigte das sehr enthusiastisch und versprach mir auch, daß er mir zumindest eine Fahrkarte nach Hause gibt, falls ich ausflippen sollte. Da dachte ich, daß ich fahren könnte. ... Irgendwie ist das doch alles unglaublich! Aber die Singerei wird Spaß machen. Ich will wirklich versuchen, eine neue Rock-and-Roll-Sache zu machen, und Chet sagt, daß er alles schon arrangiert hätte und er mich wirklich als Sängerin brauche. Er sagt, daß die Typen von der Band mich schon gehört hätten und denken, es wäre großartig. Also gehe ich.

Und dennoch — ich sage mir selbst, es ist Sommer und ich könnte es Sommerferien nennen und wieder zurück zur Schule gehen.

...

Die Dinge sind gewiß schwierig. Ich werde mehr schreiben, wenn wir nicht mehr fahren und ich denken kann. Ich wünschte, Du wärst da. Ich habe ein wenig Angst vor der Stadt, ich wünschte, ich hätte dort einen Freund. Großer Gott, ich werde wahrscheinlich zu den Knolls gehen. Linda, kannst Du Dir vorstellen, wie sich mein Magen zusammenkrampft? Oh, ich habe schreckliche Angst. Später mehr...[1]

Ein neuer Sound

Als Janis Joplin in San Francisco ankam, stellte sie mit großem Erstaunen fest, daß sich die Lage in der Stadt stark verändert hatte. Es erschien ihr so, als ob sie tatsächlich in eine ganz andere und neue Welt aufgebrochen wäre. In der populären Musikszene hatte sich das Unterste zuoberst gekehrt. Der Jazz (die Lieblingsmusik der Beats) und der Folk (die Lieblingsmusik der Studenten) waren fast gänzlich verschwunden oder in den Untergrund elitärer Intellektuellenzirkel abgetaucht.

Lautstarker Rock'n'Roll (die Lieblingsmusik ungebildeter und rauhbeiniger »Hinterwäldler«) hatte die Oberhand gewonnen. In San Francisco wurde der Rock'n'Roll mit viel Blueselementen angereichert, ohrenbetäubende Schwebeklänge und ausgezackte Gitarresoli kamen hinzu. Später begann man vom

San Francisco Sound zu reden, obwohl kaum ein Musikkritiker eine musikalische Definition wagte. Wenn überhaupt eine Aussage allgemein anerkannt wurde, dann die, daß es sich beim San Francisco Sound um eine »Stammes«musik von langhaarigen Jugendlichen handelte, die sich Hippies nannten.

Die erste Rockband in San Francisco waren die CHARLATANS, die der Graphiker George Hunter gegründet hatte. Aber gleich in ihrem Windschatten tauchten Gruppen auf, die ein, zwei Jahre später weltweite Anerkennung finden sollten. An erster Stelle waren da die GRATEFUL DEAD zu nennen, die mit Jerry Garcia einen außergewöhnlichen Gitarristen in ihrer Mitte hatten. Nicht minder bekannt wurden die JEFFERSON AIRPLANE. Dort war die schöne Grace Slick Sängerin.

Andere Bands formierten sich aus Collegestudenten und nannten sich MYSTERY TREND, FINAL SOLUTION, GREAT SOCIETY. Eine weitere sonderbare Gruppe waren QUICKSILVER MESSENGER SERVICE, deren eigentlicher Kopf, Dino Valenti, wegen Drogenbesitzes im Gefängnis saß. Von ihm, einem ehemaligen Folksänger, stammte einer der am häufigsten zitierten Sätze über »elektrische Musik«:

Du nimmst elektrische Kraft aus der Wand, du schickst sie durch die Gitarre, du biegst sie und formst sie und machst etwas daraus, zum Beispiel Lieder für Menschen. – Diese Macht ist etwas Wunderbares.[2]

Die erste Rock'n'Roll-Tanzveranstaltung war in San Francisco am 16. Oktober 1965 in der Longshoreman Hall organisiert worden. Verantwortlich dafür zeichnete eine städtische Hippiegruppe, die sich THE FAMILY DOG nannte. Ellen Harmon, eine Freundin von Janis aus ihrer früheren Zeit in San Francisco, war Mitglied dieser Kommune. Chef der FAMILY DOG war Chet Helms. Er und ein gewisser Bill Graham, der eigentlich Wolfgang Crajonka hieß und als jüdisches Flüchtlingskind in die USA gekommen war, übernahmen nach und nach die Tanzszene in dieser Stadt. Der Avalon Ballroom und das Fillmore Auditorium waren ihre Tanzstätten, die sich freilich bald danach in berühmte Konzertpaläste verwandelten.

Nach vorsichtigen Schätzungen gab es 1966/67 in San Francisco eintausendfünfhundert Rock'n'Roll-Bands, die wie Pilze aus dem Boden geschossen waren. Ein typisches Merkmal all dieser Bands war, daß sie ein wichtiger und vollständig integrierter Teil der gesamten Hippiekommunität waren, eine Unterscheidung zwischen »jenen da oben auf der Bühne und denen da unten im Parkett« wurde nicht gemacht. Ganz im Gegenteil, die Rockmusik war ein »universales Schmiermittel«, daß das komplexe Räderwerk der Hippiegesellschaft am Laufen erhielt.

Hippies an die Macht!

Die Hippies hatten die Idee der Beat-Schriftsteller in sich aufgenommen, eigenständig weiterverarbeitet und zur alltäglichen Praxis einer Unzahl von Jugendlichen gemacht. Während die Bewegung der Beatniks auf die Vereinigten Staaten als Ganzes gesehen einen sehr geringen Einfluß gehabt hatte, da sie im wesentlichen nur von einer Handvoll Literaten getragen worden war, machten sich unzählige Hippies auf, nicht nur die Gesellschaft zu verlassen, wie es ihnen oft nachgesagt wurde, sondern sie umzukrempeln. Den Vorwurf, lediglich Aussteiger zu sein, wiesen die Blumenkinder weit von sich. Ralph J. Gleason, ehemaliger Mitherausgeber der San-Franciscoer Zeitschrift »Rolling Stone«, schrieb folgerichtig:

Solches ist überhaupt nicht das, was mit den Hippies vor sich ging. Sie taten etwas ganz anderes, etwas viel Konstruktiveres, Bedeutsameres und unerhört Schöpferisches. Sie sind in der Tat die erste schöpferische, soziale Bewegung, die die weiße Bevölkerung in den USA seit Jahrzehnten hervorgebracht hat. Die Hippies verlassen Madison Avenue, die Lyndon-B.-Johnson-Gesellschaft… Sie verlassen eine Gesellschaft, die Napalm erlaubt, und eine Gesellschaft, in der selbst radikale Intellektuelle Napalm in einem Land für richtig halten und es für ein anderes Land verdammen. Aber die Hippies verlassen diese Gesellschaft nicht, um nach Limbo oder Nirwana zu flüchten. Sie bauen vielmehr eine neue Ordnung von Werken auf, eine neue Struktur, eine neue Gesellschaft, die, wenn man so will, horizontal zur alten, aber innerhalb dieser sich errichtet.[3]

Die Hippies oder, wie sie auch genannt wurden, die Blumenkinder rekrutierten sich aus den Söhnen und Töchtern von Angehörigen der weißen Mittelschicht. Sie konnten es zu Hause in der spießbürgerlichen Enge, wo ihnen duckmäuserische Verhaltensnormen antrainiert wurden, einfach nicht mehr aushalten. Ihre Flucht endete meist in San Francisco, im Viertel Haight Ashbury, das die Hippies gänzlich für sich okkupiert hatten:

In Haight konnte man Leute treffen, die vor sechs Monaten aufgebrochen waren, um vor dem erstickenden Dunst eines verlorenen Landes zu fliehen und blind durch die Sümpfe der eigenen Heuchelei zu laufen, verfault durch die Korruption all ihrer Werte. Die Leute zogen nach Haight, um dem Mißklang von Babylon zu entrinnen, dem Klirren und Klappern eines Metzgerladens von Gesellschaft, wo geschäftige Unschuld das Gewissen der Jugend abschlachtet und so den toten Göttern der Habgier und Macht ein schnelles, schmeichlerisches Opfer gebracht wird. Sie strömten nach Haight, um zu entkommen und, was das Wichtigste war, ein neues Leben zu finden. Haight lag am Ende des Regenbogens eines gebrochenen Spektrums. Wenn man Haight erreichte, wäre man gerettet, wiedergeboren, von dem Untergang befreit, der das ganze Land umschloß.[4]

Besonders in den ersten Jahren, als die Begriffe »Hippie« und »Flower Power« noch nicht von den Massenmedien aufgegriffen worden waren und man noch unter sich war, leisteten die Hippies in San Francisco ganz Außerordentliches. Unter der Flut von Neuankömmlingen in Haight Ashbury drohte die sich gerade konsolidierende Bewegung zusammenzubrechen. Jetzt zeigte sich, daß es unter den Hippies fähige und realistisch denkende Köpfe gab, die voraussahen, daß die edle Sache durch Seuchen und Hunger aufgerieben und alsbald wie eine Seifenblase platzen würde, wenn man nicht ein Mindestmaß an Organisiertheit aufbrächte. So begannen im Herbst 1966 junge Leute mit den erforderlichen Aktivitäten. Diese Gruppe nannte sich Diggers, nach englischen Rebellen, die im 17. Jahrhundert in der Grafschaft Surrey eine urkommunistische Farmgemeinschaft ins Leben gerufen hatten.

Das erste Problem, welches die Diggers in San Francisco zu lösen versuchten, war, die Blumenkinder mit Nahrung zu versorgen, da sie ja nicht nur von Luft und Liebe leben konnten. Sie suchten die Markthallen auf und baten die Händler um Lebens-

Mit Grace Slick,
der Sängerin von JEFFERSON AIRPLANE

mittel, die in gemeinschaftlichen Aktionen zu Mahlzeiten zubereitet und in einem San-Franciscoer Park an die bedürftigen Blumenkinder kostenlos verteilt wurden.

Doch die Diggers gingen noch einen Schritt weiter. Sie fanden es demütigend, parasitäre Nutznießer einer Wirtschaftsordnung zu sein, die sie von Grund auf ablehnten und der sie das ganze Elend und die Ungerechtigkeit in der Welt anlasteten. Daher begannen sie, ein organisatorisches Netz aufzubauen, das eine autarke Versorgung der Hippiekommunität sicherstellen sollte. Auf dem Land um San Francisco wurden Farmgemeinschaften ins Leben gerufen, oder man arbeitete mit bereits bestehenden Genossenschaften, wie der berühmt gewordenen Hoog-Farm, zusammen, um die notwendigen Lebensmittel in der Gemeinschaft selbst zu erzeugen. Die Diggers organisierten den Transport der Nahrungsgüter in die Stadt, kümmerten sich um die Zubereitung des Essens und nahmen die kostenlose Verteilung in die Hand.

Eine ihrer spektakulärsten Großtaten war die Errichtung von geldlosen Geschäften, sogenannten *free stores*. Diese funktionierten nach dem Prinzip des Austauschs von Waren, die von ihren Besitzern nicht mehr benötigt und daher frei zur Verfügung gestellt wurden. Die Funktionsfähigkeit innerhalb der Hippiegemeinschaft war abhängig von einer sehr hohen Moralauffassung jedes ihrer Mitglieder. Nachdem sich die ersten geldlosen Läden in San Francisco etabliert hatten, entstanden solche Geschäfte auch in anderen Hippiezentren, wie im New-Yorker East Village, in Toronto, Los Angeles und Boston. Auch in westeuropäischen Städten kamen solche Einrichtungen auf. In London wurde ein *Free Book Shop* mit folgender Losung aus der Taufe gehoben: »Be free, do things free, help kill money!« (Sei frei, befreie die Dinge, hilf das Geld töten!)

Mit diesem Motto sind die Absichten und die Stoßrichtung der Diggers bestens charakterisiert. Indem sie versuchten, eine geldlose Gegengesellschaft zu etablieren, griffen sie das kapitalistische System an seinem neuralgischsten Punkt an. Die Diggers gingen davon aus, daß das ganze System wie ein Kartenhaus zusammenbrechen müßte, wenn es gelänge, dem verhängnisvollen Kreislauf von Kaufen und Verkaufen das Blut (sprich Geld) zu entziehen. Die menschlichen Handlungen würden dann wieder gewertet und nicht mehr nur die Zahlungsfähigkeit und Respektabilität. Die Jagd nach Profit hatte den einst so verlockenden *American Dream* in einen Alptraum verwandelt.

Die Hippies und Blumenkinder kämpften gegen die perverse Mentalität, die ihrer Meinung nach alle Schichten der Bevölkerung erfaßt hatte: diejenigen, die Geld hatten, konnten sich damit selbst »Glück« und »Liebe« kaufen (sei es ein großer Luxuswagen, ein fünfzehnjähriges Mädchen oder ein bißchen Kokain), und diejenigen, die kein Geld hatten, wünschten sich nichts sehnlicher, als welches zu haben, damit auch sie sich »Glück« und »Liebe« kaufen könnten. Nur die unterste Schicht der Bevölkerung, die Armen und Ausgestoßenen, wurden nicht von solchen Sehnsüchten geplagt. Ihr Problem bestand darin, ihre bloße Existenz in den nächsten Tag hinüberzuretten, was zumeist bedeutete, irgend etwas Eßbares aufzutreiben und im Winter einen Platz zu finden, wo man nicht erfror.

Die Hippies sahen im *American Way of Life,* der in letzter Konsequenz bedeutet, daß man sich alles leisten kann, wenn man nur stark – gemein – hinterhältig – brutal – verlogen – raffiniert – egoistisch – kriecherisch – infam – rücksichtslos genug ist, das Grundübel der amerikanischen Gesellschaft.

Keineswegs waren die Blumenkinder die ersten, die dies erkannt hatten und dagegen ankämpften. Sie standen vielmehr in einer außerordentlich ehrenwerten amerikanischen Tradition. Einerseits setzten sie die Leitmotive der Beats in die Tat um, andererseits fanden sich hier die Ideen der amerikanischen Transzendentalisten des 19. Jahrhunderts wieder. Hierfür stehen die Namen der Philosophen und Schriftsteller Ralph Emerson, Herman Melville, Walt Whitman und – für die Hippies besonders wichtig, weil er auch ein Mann der Tat war – Henry David Thoreau. In diesem philosophischen Schriftsteller und zeitweiligen Einsiedler (sein berühmtestes Buch heißt »Walden oder Ein Leben in den Wäldern«) fanden die Hippies einen Leitstern, der auf höchst respektgebietende Art und Weise Denken und Handeln zu einer Einheit verbunden hatte. Thoreaus philosophischer Ansatz (inspiriert von Immanuel Kants Transzendentalphilosophie), der das Individuum in den Mittelpunkt des Universums stellte und Reformen oder radikale Veränderungen des gesellschaftlichen Lebens in erster Linie von der Läuterung und Vervollkommnung jedes einzelnen abhängig machte, entsprach den Vorstellungen der Hippies. Lautete doch einer ihrer Slogans: »Revolution ist immer, wir müssen nur beginnen, sie zu leben.«

Wie Thoreau, so begannen auch die Hippies mit dem Verändern erst einmal bei sich selbst. Eines ihrer wichtigsten Probleme war, herauszufinden, wie viele Dinge man tatsächlich zum Leben braucht und was entbehrlich ist. »Überflüssiger Reichtum«, schrieb Henry David Thoreau, »kann nur Überflüssiges kaufen. Die Bedürfnisse der Seele zu befriedigen, bedarf es keines Geldes.« Den geistigen Gehalt dieses Satzes brachten die Hippies auf die prägnante Formel: »Make love not money!«

Eine Band mit seltsamem Namen

BIG BROTHER AND THE HOLDING COMPANY waren mehr als nur eine Rockgruppe, ähnlich wie die FAMILY DOG waren sie eine Art Stammesverband, zu dem Ehefrauen, Freunde und Freundinnen gehörten. Im Sommer 1966 mietete die Company ein großes Haus in Languanitas, einer ländlichen Kleinstadt im San Geronimo Tal nordöstlich von San Francisco, und versuchte sich im Kommuneleben.

Janis hatte nach ihrer Ankunft in San Francisco nur ein paar Tage mit Travis Rivers zusammengelebt (sein »Zauber« wirkte also nicht allzu lang), nahm sich dann ein Zimmer in der Pine Street und zog schließlich am 1. Juli mit BIG BROTHER nach Languanitas. Ihren eigentümlichen Namen hatte sich die Gruppe während eines Monopolyspiels ausgedacht.

Ihr Debüt hatten BIG BROTHER AND THE HOLDING COMPANY Ende 1965 bei einem Benefizkonzert im Open Theater in Berkeley. Den ersten bezahlten Auftritt absolvierte die Band am 22. Januar 1966 in der Longshoreman Hall. Chet Helms übernahm danach das Management und organisierte für BIG BROTHER Auftritte in der ganzen Bay Area. Einmal wöchentlich traten sie als Hausband in seinem Avalon Ballroom auf.

Die Musik aus der Anfangszeit von BIG BROTHER wurde als eine Mischung aus Lautstärke, Rückkopplungsgeräuschen und kosmischem Jazz beschrieben. Schwer vorzustellen, wie das geklungen haben soll und wie man danach tanzen konnte!

Die Band bestand aus vier Musikern mit einem Instrumentarium nach BEATLES-Manier: zwei Gitarren, Baßgitarre und Schlagzeug.

James Gurley spielte Gitarre und war nach Aussage von Janis ein »schöner, starker Mann«. Beide hatten eine kurze und schmerzhafte Liebesaffäre, an der die Band fast auseinandergebrochen wäre. James galt als wieselflinker Gitarrespieler, und man behauptete von ihm, daß er »die schnellsten Finger im Westen habe«. Er war mit einer außergewöhnlichen Frau verheiratet – der attraktiven und charismatischen Nancy. Janis war von Nancy Gurley tief beeindruckt. Nicht nur ihr Äußeres – sie trug lange Kleider aus Spitze und Samt und jede Menge Halsketten – fand Janis nachahmenswert, auch Nancys feinsinnige Intelligenz hatte es ihr angetan. Sie war ein gebildetes Mädchen mit einem Universitätsdiplom für englische Literatur.

Der zweite Gitarrist bei BIG BROTHER war Sam Andrew, der Janis nicht nur beeindruckte, »weil er so gut aussah«, sondern weil

BIG BROTHER AND THE HOLDING COMPANY:
Sam Andrew (hinten links),
James Gurley (hinten rechts),
Peter Albin (Mitte links)
und Dave Getz (Mitte rechts)

er außerdem ein kluger junger Mann war. Janis erzählte, daß auf Tourneen im Flugzeug jedermann leichte Lektüre zum Blättern in der Hand hatte, aber Sam Andrew las in einem Buch, das in Latein geschrieben war. Bevor Janis zur Gruppe gekommen war, hatte Sam die meisten Lieder gesungen. Doch da er einen Sprachfehler hatte — was zwar beim Singen nicht auffiel, doch hin und wieder mußte man ja auch auf der Bühne ein Wort sprechen —, war man überhaupt erst auf die Idee gekommen, sich nach einer Sängerin umzusehen.

David Getz, ein ehemaliger Lehrer für Kunstgeschichte, war der Schlagzeuger und der ruhige, ausgleichende Pol der Gruppe, verläßlich und solide. Bevor er bei Big Brother einstieg, soll er ein Jahr lang mit Jazzgruppen in der Volksrepublik Polen gespielt haben.

Der Bassist Peter Albin gab sogar Janis Rätsel auf, irgendwie vereinte er in seiner Person grundstabiles Mittelklassedenken mit völlig ausgeflippten Handlungsweisen. Er ist der Komponist des merkwürdigen Liedes *I'm A Pterodactyl* (Ich bin ein Pterodaktylus).

Alle vier waren als Musiker nicht professionell. Ihre Ausbildung war im wesentlichen autodidaktisch, und im handwerklich-technischen Bereich gab es Mängel, virtuos beherrschte keiner von ihnen sein Instrument.

Die musikalischen Wurzeln der Band lagen im Blues, in der afroamerikanischen Musik. Sich dieser Musik, überhaupt der ganzen afroamerikanischen Kultur, als Inspirationsquelle zu bedienen und sie sich anzueignen war unzweifelhaft ein Akt der Rebellion (und ein bißchen war es auch Diebstahl).

Die Mitglieder von Big Brother, aufgewachsen in soliden weißen Mittelklasseverhältnissen, hatten alle eine gediegene höhere Schulbildung erhalten, die sie zu Intellektuellen stempelte. Aber sie hatten, wie viele andere amerikanische Jugendliche auch, herausgefunden, daß ihre »weiße« Geschichte und damit auch die Hauptströmung weißer Kultur abscheulich verworfen war. Eldridge Cleaver, ein führendes Mitglied der *Black Panther Party*, schrieb über die veränderte Einstellung von weißen Jugendlichen in den sechziger Jahren:

Heute kann ein junger Weißer nicht umhin, vor den gemeinen Taten seines Volkes zurückzuschrecken. In jeder Richtung, auf jedem Kontinent sieht er rassistische Arroganz, wilde Brutalität gegen die eroberten, unterdrückten Völker, Völkermord; er sieht die systematische Vernichtung der amerikanischen Indianer, er sieht die zivilisierten Nationen Europas mit imperialer Verworfenheit um das Land anderer Völker kämpfen. Die entsetzlichen Taten, deren sich seine Leute schuldig machen, scheinen kein Ende zu nehmen. Schuldig. Die Ermordung der Juden durch die Deutschen, der Abwurf der Atombombe auf das japanische Volk – schwer lasten diese Taten auf dem gedemütigten Geist und dem unruhigen Gewissen der weißen Jugend. Tot sind die weißen Helden, deren Hände vor Blut triefen.[5]

Also suchten sich diese weißen amerikanischen Jugendlichen neue Helden, schwarze Helden. Und in den Vereinigten Staaten gab es eigentlich nur einen Bereich (wenn man mal von dem des Sportes absieht), wo es Afroamerikanern gestattet war, heldenhaft zu sein: nämlich in der Musik – in Blues, Gospel, Jazz und Soul.

Die Musiker von BIG BROTHER trafen anfangs ihre Wahl, indem sie die wilden Free-Jazz-Klänge von Cecil Taylor und Pharoa Sanders nachzuahmen versuchten. Besonders der Pianist Cecil Taylor hatte es ihnen angetan, da dieser aufgrund seiner klassischen Ausbildung zumindest musikalisch-handwerklich, wenn auch nicht emotional, gewissen avantgardistischen Strömungen der Kunstmusik verpflichtet war. Cecil Taylor kannte die Musik des österreichischen Komponisten Anton Webern, der die ernste Musik nach 1945 auf das nachhaltigste beeinflußt hatte.

Mit dieser musikalischen Auswahl ließen sich die Musiker von BIG BROTHER ein bildungsbürgerliches Hintertürchen offen, denn mit Free Jazz à la Cecil Taylor oder John Coltrane kam man in Intellektuellenkreisen ganz gut an. BIG BROTHER führten damit in gewisser Weise die »Jazztradition« der Beatniks fort. Sie waren jedoch gar nicht in der Lage, diese Musik zu spielen. Jazz solcher Güteklasse ist nichts für Anfänger und Amateure. So nach und nach schraubten die Musiker von BIG BROTHER ihre Vorstellungen herunter und landeten schließlich folgerichtig beim Rhythm and Blues. Damit lagen sie dann auch im Trend.

Allerdings hatten BIG BROTHER AND THE HOLDING COMPANY — wie fast alle anderen weißen amerikanischen Rockgruppen — paradoxerweise die Vermittlung englischer Rockgruppen (vornehmlich der BEATLES und der ROLLING STONES) nötig, um zum Rhythm and Blues zu gelangen. (Eine Sonderstellung nahm Bob Dylans ehemalige Begleitgruppe THE BAND ein, die von den Engländern nichts zu lernen brauchten, weil sie originale Rhythm-and-Blues-Songs direkt nachspielten. Interessant ist jedoch, daß bis auf den Schlagzeuger Levon Helm die Musiker Kanadier waren.) Der amerikanische Rockkritiker Lester Bangs schrieb über die »britische Invasion« in die Vereinigten Staaten, die die populäre amerikanische Musik zusammenbrachte und vereinte:

Die Briten schafften das zum Teil, indem sie Musik wieder aufleben ließen, die wir ignoriert, vergessen oder fallengelassen hatten, sie brachten sie zurück in einer schimmernden, geistloseren und sogar noch gröberen Form. Die Tatsache, daß ein großer Teil dieser Musik ursprünglich von amerikanischen Schwarzen geschrieben und gespielt worden war, machte es zu einer noch sichereren Unternehmung, aber es war nicht lediglich eine Nachahmung von Pat Boone, der Little Richard einem weißen Publikum schmackhaft machte. Selbst in der schlaffsten Liverpooler Runderneuerung eines amerikanischen Rhythm-and-Blues-Oldies lag zumindest das Versprechen, die Sehnsucht, daß sowohl Gruppe als auch Publikum sich befreien, alles abschütteln und auf den Straßen verrückt spielen würden, was wir natürlich schließlich auch taten.[6]

Für den erfolgreichen Ansturm der englischen Rockbands hatte es zu Anfang der sechziger Jahre einige inneramerikanische Vorbereitungen gegeben, die sich im nachhinein zwar nur als eine Mode herausstellen sollten, die aber dennoch die Musikszene auflockerten und durchrüttelten.

Die Weißen tanzen nach
schwarzer Musik

Das musikalische Modewort zu Beginn der sechziger Jahre hieß Twist. Dieser Tanz, den der afroamerikanische Sänger Chubby Checker in einem New-Yorker Nachtlokal vorgeführt hatte, indem er »mit den Füßen imaginäre Zigaretten austrat und mit den Armen wedelte, als frottiere er sich mit einem Handtuch den Rücken«, versetzte einen Großteil der weißen Amerikaner in nie geahnte Schwingungen. »Der Twist«, schrieb Eldridge Cleaver, »war eine ferngesteuerte Rakete, die im Ghetto abgeschossen worden war und genau das Herz der Vorstädte traf.«

Es war Chubby Checkers Mission – die den Twist als eine gute Nachricht überbrachte –, den Weißen beizubringen, was die Geschichte sie zu vergessen gelehrt hatte: ihre Ärsche wieder zu schwingen. Es ist eine Fertigkeit, die sie sicherlich einst besaßen und die sie nur wegen der puritanischen Träume, der Korruption des Fleisches zu entfliehen, aufgaben, indem sie die Schrecken des Körpers den Schwarzen überließen.[7]

Mochte es auch für die Afroamerikaner anfangs so ausgesehen haben, als ob sich da Körper mit der Beweglichkeit von Kachelöfen verrenkten, die Weißen lernten es schon noch. Die Tänzer waren wild entschlossen, sich von ihrem Vorhaben nicht abbringen zu lassen und bis zum schönen Ende durchzuhalten. Das, was die Jugend der amerikanischen Mittelklasse bis dahin an Tanzmusik vorgesetzt bekommen hatte – alberne Foxtrotts von der Tin Pan Alley –, hatte sie an Leib und Seele krank gemacht, und sie wußten das.

Die Rock'n'Roll-Welle hatte zwar in den fünfziger Jahren durchaus bedeutende Dimensionen erreicht, doch war diese Musik eine populäre Kunstform, die nur von Teilen der Jugend (speziell die Studentenschaft schloß sich aus) getragen wurde. Wenn sich in den USA aber etwas allgemein verbindlich durchsetzen will, muß es von der gesamten Mittelklasse akzeptiert werden – und das war nicht der Fall. Erst im nachhinein, also in den sechziger Jahren, bekam der Rock'n'Roll seinen Segen.

Die genialen Vermittler der schwarzen Botschaft begannen zu Beginn der sechziger Jahre außerhalb der USA auf den Plan zu treten. Es waren jene vier pilzköpfigen Jungen aus der englischen Hafenstadt Liverpool, die als The Beatles eine einzigartige und weltumspannende Popularität begründeten. Eldridge Cleaver schrieb:

Die weniger intellektuelle (aber nicht weniger auf dem Körper basierende) populäre Musik der städtischen Neger – die als

Rhythm and Blues bekannt war, bevor die Weißen sie sich aneigneten und sie zu einem von ihnen Rock'n'Roll genannten Produkt verwässerten – ist der grundlegende Bestandteil, der Kern der grellen, mißtönenden Hymnen, mit denen die BEATLES *aus Liverpool die Horden der ultrafemininen Fans zu Irrsinn und Hysterie trieben. Für* BEATLES-*Fans, die von ihrem eigenen Körper so lange und so gründlich entfremdet waren, haben diese eindringlichen erotischen Rhythmen elektrische Wirkung.*[8]

Für die amerikanischen Gruppen, die sich mit einem Mal unbändig stark zum Rhythm and Blues hingezogen fühlten, hatte eine andere englische Rockgruppe noch größere Bedeutung als die BEATLES. Es ist die Rede vom Londoner Rockquintett der ROLLING STONES, die im Frühjahr 1964 ihre erste USA-Tournee absolvierten. Sie spielten in ihren ersten Jahren ausschließlich schwarze Musik, und das weiße Publikum jubelte ihnen enthusiastisch zu. Ihre musikalischen Vorbilder waren Muddy Waters (von dessen *Rolling Stone Blues* sie auch ihren Namen hatten), Bo Diddley, Howlin' Wolf, Robert Johnson – alles geniale Bluesheroen, die mit Ausnahme von Robert Johnson, der bereits 1938 gestorben war, seit vielen Jahren Musik machten, aber bis dahin vom weißen amerikanischen Publikum fast gänzlich ignoriert worden waren.

Es war schon paradox, daß die ROLLING STONES während ihrer zweiten USA-Tournee im Oktober 1964 in Santa Monica in einer Show gemeinsam mit schwarzen Künstlern wie James Brown, Chuck Berry und Bo Diddley auftraten. Sie hatten jede einzelne Note von diesen Musikern übernommen und waren dennoch als die Stars des Abends angekündigt worden. Und sie bestätigten ihren Führungsanspruch, da die Umstände des Konzertes zu ihren Gunsten sprachen. »Wir hatten Schiß«, erklärte ROLLING-STONES-Gitarrist Keith Richard, »aber es gelang uns, James Brown auszustechen, weil das Publikum ganz und gar aus weißen fünfzehnjährigen Mädchen bestand.«

Weiße amerikanische Rockbands, die sich im Windschatten der englischen Gruppen zu formieren begannen, spielten Songs der ROLLING STONES nach und fanden auf diesem Umweg zur landeseigenen musikalischen Quelle: dem Blues der Afroamerikaner. BIG BROTHER AND THE HOLDING COMPANY waren geradezu ein typisches Beispiel für diese Entwicklung, sie übten sich an Rolling-Stones-Titeln, um schließlich beim authentischen Rhythm and Blues zu landen.

Janis singt Rock 'n' Roll

Als Janis Joplin zum ersten Mal mit Big Brother And The Holding Company zusammentraf, waren die Musiker doch ziemlich enttäuscht. Chet Helms hatte ein bißchen übertrieben, und Peter Albins und James Gurleys Erinnerungen — sie waren die einzigen, die Janis schon früher mal gesehen hatten — waren in der Zwischenzeit ein wenig trübe geworden. Dave Getz hatte sich gar in süßen Träumen von einer wunderschönen Sängerin gewiegt. Die prachtvolle Erscheinung von Grace Slick wird wohl in seinem Kopf herumgespukt haben. Um so größer dann seine Ernüchterung.

Janis sah in den Augen der Musiker hausbacken aus. Sie hatte Übergewicht und wirkte wie ein hinterwäldlerisches texanisches Mädchen. Ihre Haare waren zu einem Pferdeschwanz zusammengebunden, und sie trug verwaschene Jeans und Männerunterhemden. Das war nun nicht gerade die betörende und attraktive Göttin, die man erwartet hatte und mit der man die Hippiekommunität in Entzücken zu versetzen gedachte.

Doch als Janis zu singen begann, ließ sie ihr dürftiges äußeres Erscheinungsbild bald vergessen. Sie war nach gewissen Anpassungsschwierigkeiten absolut überzeugend, ja beeindruckend, und obwohl ihre ersten Schritte auf der Rock'n'Roll-Bühne verständlicherweise noch unsicher waren, sahen die Kenner doch, daß da ein unglaubliches Bühnentalent sich aufmachte, den Rock 'n' Roll zu erobern. Über ihren ersten Auftritt mit Big Brother And The Holding Company am 10. Juni 1966 im Avalon Ballroom sagte Janis:

Es geschah gleich beim ersten Mal. Ich bin geradezu explodiert. Ich hatte doch diese Bessie-Smith-Sache drauf. Ich stand einfach da und sang. Aber du kannst so nicht singen, wenn du vor einer Rockband stehst. Da ist doch all dieser Rhythmus und die Lautstärke. Du mußt laut singen und dich wild bewegen mit all dem im Hintergrund.[9]

Mit ihrem Schlagzeuger Dave Getz, 1966

An anderer Stelle hält Janis Joplin mit etwas mehr Gelassenheit Rückschau auf ihren ersten Schritt als Rock'n'Roll-Sängerin. Aber das Unerklärliche, das mit ihr geschah, als die Band anfing zu spielen und sie ganz im Gefühl aufging, konnte sie auch da noch nicht so recht begreifen:

Ich kam zurück nach San Francisco, und die Rock'n'Roll-Sache war gerade am Laufen. Gut, ich hatte niemals Rock and Roll ge-

sungen, ich sang Blues von Bessie Smith. Sie sagten zu mir: »Janis, wir möchten, daß du mit diesen Jungs singst«, und ich traf mich mit ihnen ... Ich hatte nie zuvor mit elektrisch verstärkter Musik gesungen. Ich hatte nie zuvor mit Schlagzeug gesungen, ich hatte immer nur mit einer Gitarre gesungen. Wir spielten schließlich den Song Down On Me. Es ist ein Gospelsong, und ich kannte ihn schon – also dachte ich, daß ich ihn singen könnte, und sie gaben mir die Akkorde. Wir übten die ganze Woche, und dann traten wir am Wochenende im Avalon auf. Sie spielten ein paar Stücke, dann sagten Sie: »Nun möchten wir euch vorstellen...« Und niemand hatte jemals einen Scheiß von mir gehört. Ich war nur so ein blödes Mädchen, hatte keine verrückten Klamotten an, nichts in der Richtung. Ich hatte das an, was ich auf dem College getragen hatte. Ich ging auf die Bühne und begann zu singen. Whaw! Es war überwältigend. Es war, als ob man sich einen Schuß setzt. Ich erinnere mich an nichts anderes, das einzige, woran ich mich erinnere, ist dieses riesige Gefühl. Die Musik machte boom, boom, boom!, und die Leute tanzten alle, und all die Lichter, und ich stand da, sang ins Mikrophon und machte weiter, und whaw! Es gefiel mir. So sagte ich: »Ich denke, ich werde bleiben, Jungs!«[10]

Janis probte mit der Gruppe, trat im Avalon Ballroom auf und bildete bald das musikalische Zentrum der Band. Ende August 1966 gingen BIG BROTHER AND THE HOLDING COMPANY für vier Wochen nach Chicago, wo sie in dem kleinen Club »Mother Blues« spielten. Nick Gravenites, ein bluesorientierter Sänger und Songschreiber und guter Freund der Musiker, war zu dieser Zeit in Chicago und beschrieb den Auftritt:

Sie waren einfach zu verrückt! Diesem Mädchen hingen die Haare herunter und sie war mit einer Art Bettdecke bekleidet! Und dann der Schmuck! Hühnerknochen! Magisches Voodoozeugs! Und dieses Patcholi Parfüm, das stank! Ihre Gesichtsfarbe war undefinierbar. Sie hatte eine entzündete Kehle, und sie kreischte wie eine verwundete Eule! Ich mochte den Sound wirklich nicht, aber dennoch war ich beeindruckt. Sie waren außerirdische Wesen, und sie machten das deutlich![11]

Der Erfolg von BIG BROTHER AND THE HOLDING COMPANY war nur mäßig. Für die Bluesmetropole Chicago war diese Musik zu wild und zu wenig professionell. Das Können der Musiker ließ viele Wünsche offen. So hielten die Gitarresoli von Sam Andrew und Dave Getz in keiner Weise einem Vergleich mit den virtuosen Improvisationen von afroamerikanischen Bluesmusikern wie B.B. King, Albert King oder Hubert Sumlin stand. Die Band hatte Probleme mit der Stimmung, und auf den Beat trafen sie nicht so zusammen, daß ein wirklich swingender Rhythmus zustande gekommen wäre.

Doch BIG BROTHER hatten einen tollen Trick, sie spielten mit solch einer enormen Lautstärke, daß ihre handwerklichen Schwächen im allgemeinen Getöse fast völlig untergingen. (Die Verstärkertechnik war Mitte der sechziger Jahre noch nicht so weit entwickelt, daß eine große Lautstärke mit einem glasklaren und sauberen Sound verbunden war. Wenn die verhältnismäßig leistungsschwachen Verstärker – BIG BROTHER spielten auf einer Fender-Anlage – bis zum Anschlag aufgedreht wurden, kam es zu Verzerrungen, Einpfeifgeräuschen, die Lautsprecher begannen zu scheppern und zu klirren.) War die Einstellung des Publikums zur Band positiv, wie z. B. in San Francisco, wo *ihre* Leute im Parkett saßen, halfen die hohen Phonzahlen, das gemeinsame Erlebnis zu verstärken und schmiedeten gleichsam durch die gewalttätigen »Schläge« aus den Lautsprecherboxen eine fest zusammenstehende Gemeinschaft. Stand das Publikum der Band jedoch skeptisch gegenüber und versuchte erst einmal herauszufinden, was das überhaupt für eine Musik war, dann wirkte die übergroße Lautstärke als undefinierbarer Krach, dem man sich besser durch Flucht entzog.

In Chicago schlossen BIG BROTHER mit Mainstream Records, einer kleinen, dort ansässigen Plattenfirma, einen Vertrag ab, doch lukrativ war dieser keineswegs. (Die Auftritte in dem Bluesclub hatte man nur angenommen, um wenigstens ein bißchen Geld mit nach Hause nehmen zu können.) Janis Joplin und die Musiker von BIG BROTHER wurden hereingelegt. Über die recht einsilbig verlaufenen Verhandlungen mit Bob Shad, dem Chef von Mainstream Records, wußte Gitarrist Sam Andrew folgendes zu berichten:

Wir verlangten 1000 Dollar, und er sagte, nein. Wir sagten: 500? Er sagte, nein. Gut, bekommen wir den Rückflug bezahlt? Er sagte, wir bekämen nicht einen Penny. Und tatsächlich, wir haben bis zum heutigen Tag für unser Album nicht einen Penny gesehen.[12]

Bob Shad machte den Eindruck eines ausgekochten Geschäftsmannes. Freilich würde er eine hübsche Summe verdienen, wenn Janis Joplin und BIG BROTHER zu Ruhm und Ehre kämen. Doch im August 1966 standen dafür die Chancen auf wenig mehr als Null. Wenn es aber nicht klappen sollte, was zu erwarten war, dann würde Bob Shad nicht einen einzigen Dollar verlieren. Sein Risiko war also verschwindend gering, und das war gewiß unfair gegenüber den blutjungen und völlig unerfahrenen Musikern. Aber andererseits gab es Tausende von solchen Musikern, und in gewisser Weise war es schon eine Anerkennung, daß sich Bob Shad überhaupt mit BIG BROTHER abgab. Denn der Eigentümer von Mainstream Records war ein Mann mit viel Erfahrung und Können. Er galt als ein Pionier der Blues- und Jazzaufnahmen, dessen Karriere eng mit dem Aufstieg von Bebob, Cool Jazz und Rhythm and Blues verbunden war. Unter dem Pseudonym Robert Ellen schrieb er Bluessongs, und als Schallplattenproduzent machte er Aufnahmen mit Musikern wie Charlie Parker, Dizzy Gillespie, Lightnin' Hopkins, Robert Legs Williams, Illinois Jacquet, Dinah Washington und den PLATTERS. Alles Namen mit großem Klang in der Jazz- und Blueswelt. Bob Shad war Leiter der Jazzabteilung der großen Schallplattenfirma Mercury gewesen und hatte es sogar bis zum A&R-Direktor des Unternehmens gebracht, der verantwortlich für das künstlerische Gesamtkonzept ist. In den sechziger Jahren gründete er dann seine eigene Schallplattenfirma Mainstream/Time Records mit Sitz in Chicago.

Dafür, daß bei den Vertragsverhandlungen BIG BROTHER eine so unglückliche Figur machten, gab es mehrere Gründe. Zum einen hatte die Gruppe in dieser Zeit praktisch keinen Manager. Chet Helms, der sich offiziell um sie kümmerte, hatte alle Hände voll mit seinem Tanzpalast zu tun. Er war nicht mit in Chicago, ja er hatte sich sogar dagegen ausgesprochen, daß die Musiker dorthin fuhren. Als Bob Shad Ende Juli in San Francisco gewesen war, um BIG BROTHER für seine Schallplattenfirma zu gewinnen, hatte Chet Helms sein Angebot abgelehnt. Aber als die Musiker in Chicago allein waren, unterschrieben sie. Vornehmlich Janis war dabei der treibende Keil, da sie ungeduldig wurde. Die Plattenfirma Elektra hatte ihr Wochen zuvor einen Solovertrag angeboten, und sie war darüber in helle Aufregung geraten: »Sie wollen mich zum zum Star machen, mit einem Haus in Hollywood und einem großen Auto!« Nach nächtelangen Diskussionen mit den Musikern, denen von Elektra keine Offerte gemacht worden war, hatte sie das Angebot abgelehnt, aber der Wunsch nach einer eigenen Schallplatte war in Janis geweckt worden. So schnell wie möglich wollte sie sich diesen Wunsch erfüllen.

Die Plattenaufnahmen fanden in Chicago und zum größten Teil in Los Angeles statt (wenigstens das konnten die Musiker durchsetzen). Die Zeit für die Einspielungen (drei Tage!) war jedoch äußerst knapp bemessen. Alles ging viel zu schnell, zumal für eine Gruppe, die noch nie in einem Studio gewesen war und musikalisch eine Menge mit sich selbst zu tun hatte. Hier waren keine Jazzprofis am Werke, die nach kurzem Anspiel gleich eine saubere Aufnahme aufs Band bringen. Offensichtlich waren die Studiotechniker von BIG BROTHERS musikalisch-handwerklichen Fähigkeiten entsetzt. Janis erzählte dem Journalisten Michael Thomas, daß die Band nach dem zehnten mißglückten Aufnahmeversuch aufgefordert wurde: »Spielt doch ein leichteres Lied.« Ihr kam es so vor, als ob dort im Studio niemand wirklich daran interessiert war, eine gute Platte zu machen, sondern daß man diese langhaarigen Typen so schnell wie möglich wieder loswerden wollte. »Und wenn wir irgend etwas Kreatives im Studio versucht hätten«, so meinte jedenfalls Janis, »hätten sie uns rausgeworfen.«

Es konnte natürlich von einem Konzept – dieser Begriff setzte sich ja ohnehin erst nach der wegweisenden SERGEANT PEPPER-LP der BEATLES allgemein durch – überhaupt keine Rede sein. Die Auswahl der Songs war vom Zufall diktiert worden. Bob Shad war selbst der Produzent, und zur Endmischung ließ er die Musiker nicht einmal mehr ins Studio. Auf dem Plattencover wurde schließlich ein Text abgedruckt, den man auch als eine raffinierte Entschuldigung lesen konnte:

Die Voraussetzungen im Pop, Jazz oder Folk waren niemals daran gebunden, daß einer mit Präzision sein Instrument spielte,

korrekt intonierte oder sich ganz auf seinen Musiklehrer ausrich-
tete. Die Gründe für Popularität waren weit eher Wildheit, Lei-
denschaftlichkeit und manchmal fast zügellos rauhe Kraft. Es
gab manchmal ebenso respektlosen und unerwartet verrückten
Humor wie die Ironie des Lebens in den Texten und der Musik.
Nur ein paar Jahre früher wäre es unmöglich gewesen, Musik
und Gruppen wie BIG BROTHER AND THE HOLDING COMPANY öffentlich
vorzuführen.

Die heutige neue Musik überrollt die Welt, und in den letzten
Jahren haben sich praktisch die Tore für all diese aufregende
Musik weit geöffnet. Die erdige, stark emotionale Aufregung, die
lange in den Hintergrund geschoben wurde, tobte sich nach
vorn. BIG BROTHER AND THE HOLDING COMPANY werden in der vorder-
sten Reihe zu finden sein.[13]

Trotz der Mängel und der völlig zusammenhanglosen Anein-
anderreihung der zehn Titel, die vom Country & Western über
psychedelischen Rock bis zum Popgesang für jeden Geschmack etwas bieten, strahlt die Platte einen eigentümlichen
Zauber aus. Bemerkenswert auf BIG BROTHER & THE HOLDING COM-
PANY FEATURING JANIS JOPLIN — so der vollständige Name der LP —
sind vor allem drei Songs, von denen zwei immer im Repertoire
von Janis Joplin bleiben sollten.

Das Abschiedslied *Bye, Bye Baby* eröffnet sonderbarerweise
den Reigen der Lieder. Der Mundharmonikaspieler Powell St.
John, Janis' ehemaliger Mitspieler bei den WALLER CREEK BOYS,
hatte das Lied komponiert. (St. John war Mitte der sechziger
Jahre ebenfalls nach San Francisco gekommen und spielte in
Tracy Nelsons zwar nicht so bekannter, dafür jedoch von Ken-
nern vielgelobter Band MOTHER EARTH, die von Janis' Ex-Liebha-
ber Travis Rivers gemanagt wurde.)

Der Song ist rhythmisch ziemlich vertrackt, es gibt keinen
durchgehenden Beat, dafür aber jede Menge Breaks und
Tempowechsel, ganze Takte werden mit Vierteltriolen gefüllt.
(Ein Verfahren, das die DOORS häufig angewendet haben.)

Janis' Stimme wurde sehr flach aufgenommen und tönt, als
ob sie aus einem winzigen Transistorradio käme. Die Instrumente klingen besser, und das sehr ordentlich gespielte Slide-
Gitarresolo kommt besonders schön heraus. Im ganzen jedoch

wirkt die Musik reichlich verkrampft. Die Musiker hatten offenbar genug damit zu tun, die richtigen Töne zu spielen. Die Live-Version von *Bye, Bye Baby* (aufgenommen am 12. April 1968 im Winterland — sie ist auch auf der AMIGA-Platte enthalten) wirkt weitaus gelöster und schwungvoller, wobei allerdings das mit Verzerrer gespielte Gitarresolo im Vergleich zur Studioaufnahme höchst primitiv anmutet.

Auch ein zweiter Song von dieser Platte wurde zu einem Janis-Joplin-Klassiker. Ursprünglich war *Down On Me* (es ist jenes Lied, welches zu allererst mit BIG BROTHER geprobt wurde) ein Gospelsong, aber Janis veränderte den Text — es war ihr «ein bißchen viel vom lieben Gott die Rede«. Mit ihrer Textvariante, die sich klagender Blueslyrik annähert, griff sie sogleich ihr Lieblingsthema auf: »Es sieht so aus, als ob mich die ganze Welt schlecht behandelt.« In den kurzen Verszeilen mischen sich Blues- und Gospeldiktion: »Liebe ist in dieser Welt schwer zu finden,/wenn du dir deins nimmst und ich meins.//Wenn du eine Hand siehst, die sich dir entgegenstreckt,/gib etwas Liebe, eines Tages könntest du es sein.//Glaube an deinen Bruder, hab Vertrauen zu den Menschen,/helft einander, wenn ihr könnt.«

Die Live-Aufnahme des Songs (mitgeschnitten am 2. März 1968 im Grande Ballroom von Detroit) ist auch hier wesentlich spannungsvoller als die Studioversion. Auf der Bühne konnte sich Janis richtig austoben und den Text mit aller Kraft herausschreien. Der musikalische »Trick« des Liedes ist, daß die entscheidende Textstelle — »is down on me« — in einen Break (Pause) hineingesungen wird. Der Gesang setzt raffinierterweise auf eine unbetonte Zählzeit ein. Dies ist sehr wirkungsvoll gemacht, es gibt dem zum Hard Rock tendierenden Stück eine pikante Note.

Mit dem Song *All Is Loneliness* zollten Janis Joplin und BIG BROTHER dem sogenannten psychedelischen Rock (oder Acid-Rock), wie ihn vornehmlich die GRATEFUL DEAD oder JEFFERSON AIRPLANE praktizierten, ihren Tribut. Die musikalische Struktur ist sehr einfach: Mit Hilfe eines zweitaktigen Gitarreriffs wird ein harmonisch immer gleichbleibender Basissound aufgebaut, über den Janis singt, stöhnt, schreit, wimmert, schluchzt und in Talking-Blues-Manier spricht: »Ich habe keine Freunde, ich habe

Mit BIG BROTHER

keine Freundinnen, ich habe überhaupt niemanden. Der Fernseher funktioniert nicht, das Radio funktioniert nicht. Wenn ich nach Hause komme, ist niemand da. Nicht einmal Tiere laufen herum… das ist jeden Tag so… aghhhhhhhhh… Einsamkeit… Einsamkeit…«

Die Grundidee zu diesem Lied stammt von einem New-Yorker Straßenpoeten namens Moondog. *All Is Loneliness* blieb nicht ständig im Repertoire, aber als Janis am 4. April 1970 noch einmal mit BIG BROTHER für ein Konzert zusammenkam, sang sie dieses Lied.

Die anderen Songs auf der Langspielplatte von Mainstream Records tauchten später kaum noch auf. *Easy Rider*, von James Gurley geschrieben, ist ein ganz hübscher Country-Song. *Intruder* von Janis Joplin ähnelt im Aufbau *Bye, Bye Baby*. In *Call On Me* von Sam Andrew gibt es die interessante Textzeile: »Ich brauch dich, Darling, wie der Fisch das Meer braucht. Schwimm mit deinen Flossen nicht weg von mir.«

Hinter dem programmatischen Titel *Women Is Losers* (Frauen sind Verlierer) verbirgt sich nur ein Instrumentalstück. An der Komposition von *Blindman* war die ganze Band beteiligt, *Light Is*

Faster Than Sound von Peter Albin tendiert zum Acid-Rock, und *Caterpillar*, auch vom Bassisten der Band geschrieben, ist der Popsong der Platte.

Big Brother & The Holding Company Featuring Janis Joplin wurde erst 1968 veröffentlicht. Bob Shad von Mainstream Records zeigte keinerlei Interesse, die Platte herauszubringen, bevor die Band nicht einen großen Bekanntheitsgrad erreicht hatte. Wie er jedoch die Popularität ohne Schallplatte auf dem Markt steigern wollte, wird wohl sein Geheimnis bleiben. Aber vielleicht war es nur so, daß Bob Shad Big Brother im Trubel seiner vielen Unternehmungen einfach vergessen hatte.

Die Musiker und Janis Joplin gaben nach der Veröffentlichung unumwunden zu, daß die Platte sehr schlecht sei. »Wir wußten nicht, was wir taten«, sagte Janis zu dem Journalisten Michael Thomas, »und sie haben uns nur ausgenutzt.« Diese Einschätzung war gewiß richtig. Janis hat aus dieser Sache viel gelernt und sich später nicht mehr so einfach überrumpeln lassen.

GESANG WIE
EIN HILFESCHREI

Janis Joplin und BIG BROTHER suchten nach einem neuen Manager, als sie im September 1966 wieder in San Francisco waren. Sie hatten feststellen müssen, daß es ohne einen in Geschäftsdingen erfahrenen Mann einfach nicht ging. So übernahm kurzzeitig ein gewisser Jim Kalarney das Management, bis im Oktober Julius Karpen die Geschäfte für die Gruppe besorgte.

Musikalisch blieb alles beim alten. BIG BROTHER spielten wie ehedem für ihr Hippiepublikum zum Tanz auf. Sie waren eine der beliebtesten Bands in der Stadt, und Janis wurde tatsächlich eine lokale Berühmtheit. Aber noch deutete nichts darauf hin, daß sie je eine nationale Größe, ja ein Weltstar werden würde.

Das Kommuneleben in ihrem Haus in Languanitas entpuppte sich nach und nach für den Clan von BIG BROTHER als schwierig. Die Interessen der einzelnen Mitglieder waren zu unterschiedlich. Bei den Ehepaaren gab es beständig Krach. Und Janis war inmitten der vielen Pärchen oft allein. Sie schloß sich zwar häufig den GRATEFUL DEAD an, die in der gleichen Straße wohnten, zog mit ihnen durch die Bars und betrank sich bei gewaltigen Saufgelagen. Aber ganz das Richtige war es doch nicht.

Janis war froh, als das gemeinsame Leben in Languanitas aufgegeben wurde und man wieder zurück in die Stadt zog. Es begann für sie eine gute Zeit, vielleicht die beste ihres Lebens. Ihr herrlich aufreizendes und lautes Lachen wurde geradezu ein Erkennungszeichen. Sie war guter Dinge und voller Unternehmungsgeist. Das Leben schien eine leichte Sache zu sein (und es ging ohne Rauschgift!).

Das Singen machte ihr großen Spaß, mit den Bandmitgliedern verstand sie sich ausgezeichnet, im Publikum waren nur Freunde und gute Bekannte. Es gab wenig Hektik und Aufregung, alles war unter Kontrolle. In ganz San Francisco herrschte eine gute Stimmung. Selbst die als brutal und gewalttätig bekannte Motorradgang HELL'S ANGELS ließ sich von der ruhigen Atmosphäre einfangen. Ihr »Neandertalinstinkt«, wie Myra Friedman sich ausdrückte, wurde zumindest zeitweise besänftigt. Und wenn man ihnen nicht als Gruppe begegnete, sondern mal einen oder zwei von ihnen erwischte, erwiesen sie sich mitunter als richtig nette Burschen.

Einige der San-Francisco-Bands waren mit den HELL'S ANGELS befreundet. So die JEFFERSON AIRPLANE, die GRATEFUL DEAD und besonders BIG BROTHER. Auch Janis hatte einige Freunde unter den ANGELS. Namentlich mit Freewheelin' Frank Reynolds, der später ein Buch über seine HELL'S-ANGELS-Zeit geschrieben hat, kam sie gut klar.

Doch wie sich herausstellen sollte, haben die HELL'S ANGELS »die Show vermasselt« (so meinte jedenfalls der Journalist Hunter S. Thompson). Sonny Barger, der Chef der Oakland-Fraktion der Motorradrocker, hat 1965 mit seiner Gruppe einen Demonstrationszug gegen den Vietnamkrieg zerschlagen helfen; damit war eigentlich schon klar, daß es nie zu einem Bündnis mit den friedlichen Hippies und den linken Studenten kommen würde. Daß dennoch die meisten San-Franciscoer Rockgruppen mit den HELL'S ANGELS kollaborierten, war nicht zuletzt auf die Angst vor dieser schlagkräftigen, paramilitärisch organisierten Gang zurückzuführen. Sich die ANGELS zu Feinden zu machen, konnte sich niemand leisten, also versuchte man, sich mit ihnen auf guten Fuß zu stellen.

Ein wirklicher Freund

Janis Joplin hatte Anfang 1967 einen neuen Freund gefunden. Und diesmal war es keine kurze Eine-Nacht-Affäre. Auch war der Mann nicht irgendein kleiner Nichtsnutz, sondern der Sänger und Leiter der Gruppe COUNTRY JOE AND THE FISH, Joe McDonald. Sie hatten sich am 10. Februar 1967 während eines gemeinsamen Konzertes im Golden Sheaf Bakery in Berkeley kennengelernt. Die beiden kamen gut miteinander aus und lebten in einer »Haight-Ashbury-hippie-love«-Wohnung zusammen. Sogar Janis' Mutter war einmal zu Besuch da. Die Wohnung wurde aus diesem Grund auf Hochglanz poliert, und Janis stand den ganzen Tag in der Küche, um ein feines chinesisches Essen zu kochen.

Joe McDonald erzählte Jahre später, daß ihm Janis ständig Fragen in dieser Art gestellt hatte:

Denkst du, daß ich jemals eine gute Sängerin werde? Ich meine, so wie Otis Redding oder Tina Turner. Ich meine, die können wirklich singen. Hör dir mal diese ba-ba-ba-ba-baby Sache an, die ich singe. Ich hab mir das selbst ausgedacht. Wie gefällt dir das, klingt gut, nicht wahr?[1]

Janis probte in dieser Zeit mit Big Brother jeden Tag acht Stunden und mußte dann noch die abendlichen Auftritte durchstehen. Das war ein Full-Time-Job, und da gab es keine Zeit zum Rumgammeln. Auch Joe McDonald hatte jede Menge zu tun. Musikalisch war er als Folksänger gestartet, hatte dann Ende 1965 seine Band elektrifiziert. Von allen San-Franciscoer Gruppen trafen Country Joe And The Fish die klarsten politischen Aussagen. Joe McDonalds sarkastischer Song *I Feel Like I'm Fixin' To Die Rag* war eines der bekanntesten Lieder gegen den Vietnamkrieg, und in *Superbird* wendete er sich gegen die korrupten Politiker. Über sein musikalisches und politisches Konzept sagte er:

Wir sind keine Rock'n'Roll-Band. Wir lehnen es ab, immer die gleiche Musik zu machen, wir improvisieren. Um unsere Botschaft zu verkünden, ist uns jedes Stilmittel recht: Blues, Jazz, Raga, Ragtime und Rock. Und die Botschaft lautet: »Laßt die Menschen leben. Stoppt den Hunger in den Slums, den Rassenterror in Harlem, den Krieg in Vietnam.«[2]

Mit Joe McDonalds politischen Aktivitäten — er war nahezu an allen Demonstrationen der University of California in Berkeley führend beteiligt — hatte Janis sehr wenig zu tun. Aber gewiß wurde darüber gesprochen, und man wird seine Meinungen ausgetauscht haben. Doch Janis war zu sehr auf sich selbst und ihre Probleme fixiert. Außerdem hatte sie ja auch mit Big Brother viel zu tun. In einem Interview mit der Zeitschrift »Rolling Stone« bekannte Joe McDonald, daß sie beide ziemlich extreme Positionen vertraten:

Sie glaubte, daß sie absolut niemanden brauchte, der sich um sie sorgte oder ihr half oder von dem sie etwas lernen konnte. Ich glaubte jedoch, daß ich jedermann und jede Sache brauchte, um voranzukommen, und daß ich von allem lernen könne.[3]

Joe McDonald fand Janis sehr humorvoll, klug und interessant, und er hielt sie für hübsch. Über eine solche Einschätzung hätte sich wohl jede Frau gefreut. Doch Janis schien das nicht zu genügen, oder sie konnte es nicht glauben. Hin und wieder hatte sie einen wilden Ausbruch, und dann mußte sich Joe McDonald etwa solche Worte anhören:

Ich brauche keinen idiotischen Mann. Ich brauche niemanden über etwas zu fragen. Du bist blöd, wenn du denkst, daß irgend jemand dir helfen kann, dich besser zu fühlen, nur weil er dir irgendwelchen Scheiß erzählt. Niemand weiß mehr als andere.[4]

Die Liebesgeschichte der beiden dauerte fast vier Monate, dann war es vorbei. Es ging sehr unspektakulär zu Ende. Janis wehrte sich nicht und ließ den Freund kampflos ziehen. Fast fatalistisch mutet es an, daß sie für ihr Glück keinen Finger rührte. Zu McDonalds Weggang sagte sie nur: »Yeah, vielleicht ist es besser so.«

Joe McDonald schrieb über diese Beziehung die Ballade *Janis* (veröffentlicht auf dem 1967er Album I Feel Like I'm Fixin' To Die). Es ist ein Lied über zwei Menschen, die sich zueinander hingezogen fühlen und zusammenkommen möchten, es aber nicht können. Der Song drückt die gleiche Stimmung aus wie Sidney Pollacks berühmter Film »The Way We Were« (Jene Jahre in Hollywood): Die Liebe scheitert an der Liebe selbst. Der etwas verspielte und swingende Drei-Viertel-Takt balanciert die komplexe Aussage des Textes sehr schön aus. Es ist ein wehmütig stimmendes Lied.

Joe McDonald erzählte, daß er den Song nach Janis Joplins Tod in einem kleinen Ort in Chile sang, wo er damals gerade einen Film über die chilenische Revolution drehte. Vor Leuten, die kein Englisch verstanden und die auch Janis Joplin nicht kannten:

Es war unheimlich, sehr surreal. Irgendwie war ich an dieser Stelle die falsche Person, es war die falsche Zeit, und es war der falsche Song. Aber sie hörten sich das Lied an und applaudierten danach, und irgendwie paßte dann alles herrlich zusammen.[5]

Monterey Pop

Das ganze Frühjahr 1967 über hatten BIG BROTHER jede Menge Auftritte. Sie spielten in den bekanntesten Konzerthallen von San Francisco: im Fillmore, Avalon, Winterland, Carousel Ball Room und in der California Hall.

Und dann wurde im Juni das Monterey International Pop Festival veranstaltet. Es war *das* kalifornische Musikereignis des Jahres, ja es gab und gibt sogar Stimmen, die behaupten, daß Monterey das wichtigste und bedeutendste Festival der ganzen Rockgeschichte sei. Zumindest war es der Anfang, und von da an war nichts mehr aufzuhalten. Eine Springflut von Rockfestivals sollte über die endsechziger Jahre hereinbrechen. Doch durch Monterey kam in den USA auch das Geschäft mit der Rockmusik erst so richtig ins Rollen.

Das Festival fand vom 16. bis 18. Juni 1967 in dem 70 Kilometer südlich von San Francisco gelegenen Städtchen Monterey (Einwohnerzahl knapp 30 000) statt. Der etwas verschlafene Ort galt als Domizil für betagte Künstler und Literaten. Der Nobelpreisträger John Steinbeck hat für einige seiner Romane Monterey als Schauplatz gewählt. In Musikerkreisen war die Kleinstadt bereits wegen seiner Folk Festivals bekannt.

Gemessen an den gigantischen Veranstaltungen, die danach stattfanden, war Monterey ein kleines und bescheidenes Festival. Die Zahl der Besucher, die in das Städtchen strömten, dürfte kaum höher als 10 000 gewesen sein. Die fünf Konzerte fanden in einer Arena mit 8000 Sitzplätzen statt. Auf einem Banner über der Bühne war die Zauberformel des Jahres 1967 zu lesen: »Musik, Liebe und Blumen.«

Die Idee zu diesem Festival war nicht in San Francisco geboren, sondern in Los Angeles (genauer noch in Hollywood). Diese Tatsache ist bemerkenswert, denn in Los Angeles, der vom Geld besessenen Hauptstadt des Show Business, ist noch niemals etwas aus reiner Liebe geschehen. Und auch im Falle Monterey war das so. Worum es jedoch bei dieser Veranstaltung eigentlich gehen sollte, war nur wenigen bewußt. Nicht einmal alle Organisatoren waren sich darüber im klaren, es gab von vornherein eine Menge Streit, und Leute wurden ausgebootet. Von Beginn an war jedoch Derek Taylor, der ehemalige Pressemanager der BEATLES, an der Sache beteiligt. Zwei andere Namen, die oft als »Drahtzieher« bezeichnet wurden, waren John Phillips von den MAMAS & PAPAS (eine Gruppe aus Los Angeles) und der Produzent Lou Adler.

An Musik sollte Monterey eine noch nie dagewesene breite Palette bieten: Boogie, Soul, Acid-Rock, Blues, Folk, Folk-Rock und sogar klassische nordindische Musik! Natürlich ist solch eine bunte Mischung, zumal es damit keinerlei Erfahrungen gab, immer eine heikle Sache. Im Sommer 1967 konnte man jedoch gar nichts falsch machen, da war fast jede Art von Musik richtig.

Aber ging es wirklich nur um Musik, Liebe und Blumen? Gary Herman, der sich zwölf Jahre später über Monterey seine Gedanken machte und die unterschiedlichsten Quellen studierte, fand den folgenden Sinn heraus: Monterey war als Medienereignis geplant. In seinem Buch »Rock 'n' Roll Babylon« schrieb er: *Alle Journalisten, die darum baten (und viele, die es nicht taten), bekamen umsonst Eintrittskarten – an die 1200 insgesamt. Die Konzerte sollten mitgeschnitten werden, und die Film- und Fernsehrechte wurden für rund 300 000 Dollar an ABC verkauft. Die Leute sollten mit Gewißheit von Monterey hören, selbst wenn sie es nur aus den Seiten einer Zeitschrift taten. Fernsehen, Radio, Kino und Schallplatten – jeder Bereich war abgedeckt. Massive Werbung sollte der ganzen Welt verkünden, daß Monterey das lang erwartete Zeitalter der Freiheit einleitete, das sich schon in den fünfziger Jahren angekündigt hatte, als Elvis Presley erstmalig seine blauen Wildlederschuhe anzog.[6]*

Monterey machte bis dahin relativ unbekannte Musiker mit einem Schlage berühmt. So den afroamerikanischen Gitarristen Jimi Hendrix, der zum Schluß seines spektakulären Auftritts seine Gitarre in Brand setzte. Otis Redding feierte einen großen Triumph mit seiner Variante der Soulmusik, und man entdeckte ihn für den weißen Schallplattenmarkt. Die englische Gruppe THE

Who gab sich als wüster Anarchistenverein zu erkennen, der in einer Zerstörungsorgie alles zu Kleinholz machte, was auf der Bühne stand.

Den überwältigendsten Erfolg aber hatte Janis Joplin. Sie war am Sonnabendnachmittag aufgetreten, gemeinsam in einem Konzert mit Al Kooper, Canned Heat, der Steve Miller Band, der Paul Butterfield Blues Band und Mike Bloomfield And The Electric Flag. Janis Joplins Auftritt wurde so bejubelt, daß die Veranstalter sich kurzerhand entschlossen, sie noch einmal auf die Bühne zu schicken. Sonntagnacht spielte sie dann zusammen mit den Byrds, Jimi Hendrix, den Who, den Mamas & Papas und der Gruppe Blues Project.

Clive Davis, der kurz zuvor Chef der Plattenfirma Columbia geworden war, saß im Auditorium und war hin- und hergerissen: *Sie war wie elektrifiziert. Sie stolzierte auf der Bühne auf und ab und schlug wie wild mit dem Tambourin auf die Schenkel. Erregt folgte ihr das Publikum im Rhythmus. Und wie ein Kind in seiner Begeisterung wurde sie schneller, hektischer und heftiger. Mich überlief eine Gänsehaut bei ihrem Anblick, es war ehrfurchteinflößend und hypnotisch. Ständig waren meine Augen nur auf sie fixiert und folgten all ihren Bewegungen. Sie hüpfte, schrie und lachte auf der Bühne und schien nicht an sich halten zu können. Es war einem völlig schleierhaft, wie sie das alles zustande brachte. Überschäumend riß sie das Publikum vibrierend und schüttelnd mit. Ein gewaltiges Zittern kam in ihren intensivsten Momenten von der Bühne. Es war absolut ehrlich und schien vor Emotionen geradezu auseinanderzubrechen.*[7]

Aus tiefster Not schrei ich zu dir

Wo liegen die Gründe für Janis Joplins grandiose Bühnenpräsenz, die alle Kritiker, die sie live erlebten, zu geradezu tollkühnen Vergleichen trieben? Am wildesten drückte sich wohl die Zeitschrift »Cashbox« aus, die Janis Joplin beschrieb »als eine Art Mixtur aus Leadbelly, einer Dampflok, Pechmarie, Bessie Smith, einem Bohrturm und gepanschtem Bourbon, die irgendwo zwischen El Paso und San Francisco ins 20. Jahrhundert eingeschleust wurde«. Irving Stambler, Herausgeber einer

Rockenzyklopädie, bezeichnete Janis Joplin »als Rockversion von Edith Piaf, die ihre Lieder nicht singt, sondern zu einem vibrierenden und explosiven Teil von ihnen wird«. Ellen Willis vom »New Yorker« behauptete, daß Janis »die Lieder weniger sang als mit ihnen kämpfte, sie angriff, ihnen neues Leben einprügelte«. Das amerikanische Magazin »Vogue« versicherte, daß Janis Joplin »die gesamte Geschichte des Gesanges auf den Kopf gestellt« hätte.

Janis Joplins Schreiorgien besaßen einen musikalischen Urgrund, den sie nie verließ und der trotz aller Wildheit und Spontaneität für musikalische Seriosität stand. Der Schallplattenproduzent John Simon berichtete, daß im Studio jeder einzelne Schrei, jedes Stöhnen und Wimmern von ihr geplant war. Janis Joplin wußte genau, was sie tat, und wenn man ein Stück noch einmal aufnehmen mußte, dann bekam sie es mit jeder musikalischen Nuance genau wieder so hin. Selbst wenn sie durch den Rodgers & Hart-Klassiker *Little Girl Blue* (von der LP I Got Dem Ol Kozmic Blues Again Mama!) wie eine Besessene zu torkeln scheint, sitzt jeder Ton an der richtigen Stelle:

Die Wahnsinnsarien dahinsterbender Opernheldinnen, die in ihrer Todesstunde ihre Stimmen noch einmal bis zum Äußersten anspannen, finden in Janis Joplins Liedern ihre Rockentsprechung. In dem Song *A Woman Left Lonely* (von der LP Pearl) von Spooner Oldham und Dan Penn wird ein langgezogener Schrei in eine Quasi-Koloratur umgewandelt, die Note für Note stimmig ist:

In George Gershwins Wiegenlied *Summertime* (von der LP CHEAP THRILLS) aus der Oper »Porgy and Bess« singt sie eine Vokalise, die an Expressivität nichts zu wünschen übrig läßt und auf gar keinen Fall ein Kind zum Einschlafen bringen könnte:

Die geniale Fähigkeit, ihr Leid und ihre Verzweiflung — Janis interpretiert ihre ergreifendsten Songs als Tragödie *und* Orgie — zu musikalisieren, macht sie unvergleichlich. Zumindest wenn man davon ausgeht, daß Janis Joplin eine weiße Bluessängerin war.

Wenn Vergleiche überhaupt berechtigt sind und einen Sinn ergeben, dann wäre sie höchstens an afroamerikanischen Künstlern zu messen. Nach einem Auftritt im New-Yorker Anderson Theater im Februar 1968 schrieb die Zeitschrift »Village Voice«:

Obwohl im landläufigen Sinne nicht schön, wirkt sie doch. Janis ist ein Sexsymbol in ganz merkwürdiger Verpackung. Ihr rasender, irrer Stil kombiniert Bessie Smith' Seele mit der Finesse von Aretha Franklin, und alles wird zugedeckt mit James Brownschem Tempo. Sie springt, rennt und stürzt, bringt das Publikum mit einem dichten Sound zum Vibrieren. Die Reich-

weite ihrer erdigen, dynamischen Stimme scheint fast ohne Be-
grenzungen. Mitunter scheint es so, daß sie mit sich selbst Har-
monien sänge.[8]

Janis Joplins musikalische Wurzeln liegen in der afroamerikanischen Musik, die Basis ihrer Kunst ist der Blues; und von Bessie Smith, Odetta und Leadbelly hat sie das Bluessingen gelernt.
Als sie jedoch eine Rock'n'Roll-Sängerin geworden war, die eine
lautstarke und energiegeladene Band hinter sich wußte, suchte
sich Janis Vorbilder aus dem elektrifizierten Rhythm-and-Blues-
Bereich und der gerade in Blüte stehenden schwarzen Soulszene. Nicht daß sie diese Leute einfach nachahmte – die Phase
der reinen Imitation war ja schon vorbei –, sie wollte nur hinter
ein paar Tricks kommen. Zum Beispiel, nach welchen dramatur-
gischen Gesichtspunkten man eine Show aufbaute. Es war ihr
völlig klar, daß die Künstler, die allabendlich auf der Bühne standen und dem Publikum glaubhaft suggerierten, daß da oben alles aus der Laune des Augenblicks heraus geschehe, einen Plan
hatten. Denn trotz aller Raserei behielten selbst Sänger wie
Little Richard oder James Brown, die jeden Augenblick »abzu-
heben oder in Flammen aufzugehen« drohten, die Kontrolle über
sich selbst und über das Publikum.

Janis Joplins Ideal war der totale Bühnenrausch: Sie wollte in
jedem Konzert mit dem Publikum ein Fest der Liebe, Ekstase
und Sexualität feiern. Sie schien zu ahnen, daß man das richtg
anpacken und sich noch vor dem Auftritt ein paar Gedanken machen müsse. Die zertrümmerten Säle und das zerstörte Gestühl
nach Rock'n'Roll-Konzerten in den fünfziger Jahren waren wenig nachahmenswerte Beispiele. Doch es ist eben nur ein kleiner Schritt von überschäumender Freude bis hin zu gewalttätigen Ausschreitungen.

In der schwarzen Kommunität waren solche Auswüchse nicht
bekannt, am wildesten ging es bei den Afroamerikanern ja nicht
einmal in Popkonzerten zu, sondern in den Gottesdiensten der
baptistischen Kirche. Die Schwarzen konnten mit ihrem Außer-
sich-sein, dem ekstatischen Rausch, umgehen und benutzten
ihn gleichsam als Katharsis, so wie die alten Griechen den Dyo-
nisos-Rausch benutzt hatten.

Die heißesten schwarzen Sänger hatten alle einen religiösen Hintergrund und stammten zumeist aus dem tiefen Süden. So Ray Charles, der mit seiner Mischung von Blues und Gospel in den fünfziger Jahren seine Version der Soulmusik aus der Taufe hob und dadurch direkt oder indirekt die nachfolgende Sängergeneration beeinflußte. Dann gab es Little Richard, der den blinden Ray Charles an Intensität und frenetischen Ekstaseschreien noch übertraf. Wenn Little Richard soweit war, traktierte er den Flügel mit der Hacke seines linken Fußes, wobei seine Elefantenhosen mit siebzig Zentimeter Schlag die Sicht versperrten, und zuletzt riß er sich die teuren Glitzerklamotten vom Leib und warf sie ins Publikum:

Er kreischte und kreischte und kreischte. Seine Stimme war freakisch, unermüdlich, hysterisch und absolut nicht unterzukriegen. Nie war sein Gesang leiser als das Brüllen eines wütenden Stieres. Jede Phrase garnierte er mit Wimmern, Schnarren oder Sirenentönen. Seine Vitalität und sein Drive waren grenzenlos. Und seine Songs waren meistens totale Nicht-Songs, nichts anderes als die zwölf Grundtakte mit Kinderzimmerversen, aber er brachte sie heraus, als sei noch die letzte Silbe flüssiges Gold. Er sang mit verzweifeltem Glauben, mit echter religiöser Inbrunst: »Good golly, Miss Molly, you sure like a ball — when you're rockin' and rollin', you can't hear your Momma call.« (Hey, kleine Miß Molly, du bist wirklich ein toller Feger — wenn du richtig losrockst, kannst du nicht hören, wie deine Mammi dich ruft.)[9]

Little Richard, der sonst überschwengliche Worte nur in bezug auf seine eigene charismatische Person gebrauchte, war von Janis Joplin begeistert und bestätigte ihr »Besessenheit vom Heiligen Geist«. Auf dem Atlantic City Pop Festival, das am 3. August 1969 stattfand, standen beide zusammen auf der Bühne und sangen im Duett.

Otis Redding

Janis Joplins großes Idol unter den Soulsängern war der legendäre Otis Redding: »Ich würde quer durchs ganze Land fliegen, nur um Otis zu sehen.« Dave Getz von BIG BROTHER stellte fest, daß Janis mit ihrem »Hoch-Energie-Trip« in dem Moment startete, als sie Otis Redding auf der Bühne erlebt hatte.

Otis Redding wurde am 9. September 1940 als Sohn eines schwarzen Baptistenpredigers in Macon, Georgia, geboren. Sein erstes großes Vorbild war Little Richard, der aus der gleichen Gegend stammte und der ihm auch seinen ersten Schallplattenvertrag verschaffte. Reddings zweites Vorbild war der Sänger Sam Cooke, der zu dem ekstatischen Little Richard den ruhigen Gegenpol bildete. Sam Cooke besaß eine herrlich einschmeichelnde Stimme, die besonders seine vielen weiblichen Fans im Innersten erschütterte. Er sang vornehmlich gefühlvolle Balladen, jedoch ohne dabei süßlich oder sentimental zu werden. Selbst Mohammad Ali, Boxweltmeister im Schwergewicht, war beeindruckt: »Ich bin zwar der Größte, aber wenn's ans Singen geht, dann ist Cooke größer als ich.«

Otis Redding balancierte in hochtalentierter Weise diese beiden Stile aus, wobei er im Laufe der Zeit immer mehr zu Sam Cookes verhaltenem und kontrolliertem Gesangsstil tendierte, zum einen sicherlich aus Neigung, aber andererseits galt es auch, einen Freiraum zu füllen. Sam Cooke war Ende 1964 auf mysteriöse Weise durch eine Kugel ums Leben gekommen und hinterließ in der Soulszene eine spürbare Lücke.

Otis Reddings künstlerischer Aufstieg begann 1965, als er den schon genial zu nennenden Zweieinhalbminuten-Song *Respect* herausgebracht hatte. (Aretha Franklin machte dieses Lied zu einem Welthit.) Sein Anspruch war eigentlich bescheiden. Im Gegensatz zu vielen Soul- und Rockgrößen, die sich als Propheten oder gar Umstürzler begriffen, wollte Otis Redding einfach nur ein Unterhaltungkünstler sein. Sein Bestreben war es, mit dem Publikum zu kommunizieren, und das schaffte er durch gezielte Einfachheit und Knappheit. Da gab es keine intellektuellen Winkelzüge, geradeheraus sagte Otis Redding, was er meinte: »Ich brauche kein Geld, alles, was ich brauche, ist mein Ruhm.« Doch trotz aller schmucklosen Direktheit entwickelte er eine geradezu magische Bühnenpräsenz.

Otis Redding, der nach seinem großartigen Auftritt beim Monterey-Festival gerade im Begriff stand, die imaginäre Farbenschranke in der Popmusik zu überwinden, und auch ein

Superstar der weißen Hippiegeneration zu werden hoffte, kam am 10. Dezember 1967 mit seiner Band bei einem Flugzeugabsturz ums Leben.

Tina Turner

Janis Joplin hatte in der schwarzen Soulsängerschar noch ein zweites großes Vorbild: Tina Turner vom Gesangsduo IKE & TINA TURNER. Auch hier war es das Gesamtbild, die Einheit von Musik und körperlicher Darstellung, was Janis Joplin faszinierte. Und Tina Turner war eine Frau, und was für eine:

Nun, auf jeden Fall ist sie sehr sexy. Sie ist eine große, üppige Frau mit langen schwarzen Haaren, die weit über den Rücken herunterfallen, und sie hat ein schönes fauchendes Tiergesicht und einen wahrhaft kosmischen Arsch. Nicht hübsch, aber höllisch sexy. Und ihre Energie ist unerschöpflich, sie tobt über die Bühne wie eine Irre...[10]

Tina Turner wurde am 26. November 1938 oder 1939 (die Lexika geben unterschiedliche Auskunft) als Anna Mae Bullock in Nutbush, Tennessee, geboren. Nachdem die Ehe der Eltern zerbrochen war, ging sie mit Mutter und Schwester nach St. Louis. Als Kind sang sie Spirituals im Chor der dortigen Baptistengemeinde. Später kam sie mit dem Blues in Berührung, hörte Platten von Howlin' Wolf, B. B. King und anderen Bluessängern. Die Legende erzählt, Tina Turner habe mit 17 Jahren zum ersten Mal einen Nachtclub betreten und sich sogleich in den Chef der dort spielenden Band THE KINGS OF RHYTHM verliebt. Sein Name war Ike Turner.

Auf der Bühne bildeten beide das Duo IKE & TINA TURNER, das fast täglich in Nachtclubs und — als der Erfolg etwas größer geworden war — in Konzerthallen eine Erotik-Musikshow vorführte, die an Deutlichkeit nichts zu wünschen übrigließ. Ihr schwarzes Publikum merkte schon, daß da Parodien von übersteigerter Sexualphantasie mit viel Geschick und Durchschlagskraft in Szene gesetzt wurden, aber als Mick Jagger das Duo für das Vorprogramm der ROLLING STONES verpflichtet hatte, waren zumeist weiße Zuhörer im Publikum, und die nahmen Tinas Gebaren etwas zu ernst. Auch Janis schien den Witz, der dahintersteckte, nicht recht zu bemerken. Tina Turner spielte auf der Bühne mit sich selbst, mit ihrem herrlichen Körper und mit dem vor Aufregung rasenden Publikum. Janis hingegen konnte oder wollte dieses spielerische Element nie in ihre Show einbringen, für sie war das, was auf der Bühne geschah, immer blutiger Ernst.

Die Musik von IKE & TINA TURNER folgte den heißen und souligen Spuren von Ray Charles. Zu Beginn der sechziger Jahre hatten sie auf dem schwarzen Schallplattenmarkt einige kleinere Hits, später interessierte sich auch mehr und mehr das weiße Publikum für ihre Musik und kaufte in zunehmendem Maße ihre Platten. Aber die eigentliche Domäne des Gesangspaares war der Liveauftritt.

Auf der Bühne wirkte Ike Turner wie ein Hexenmeister, der in Tina einen »dienstbaren Dämon« besaß. Doch bis auf gelegentliche Einlagen fiel er kaum auf. Er spielte im Hintergrund ein bißchen Gitarre und zog an den unsichtbaren Fäden. Die Show machte Tina.

Auch mit ihr stand Janis einmal zusammen auf der Bühne, anläßlich eines ROLLING-STONES-Konzertes im Madison Square Garden in New York am 27. 11. 1969.

Janis lernte von Otis Redding und Tina Turner, daß eine *Performance* (eine Vorstellung, ein Auftritt) weit mehr war, als nur Lieder zu singen. Daß man sich zu lautstarker und rhythmischer Musik wild bewegen muß, war ihr ja bereits beim ersten Auftritt mit BIG BROTHER klargeworden, aber man mußte sich auch richtig bewegen. Natürlich gab es dafür kein allgemeingültiges Rezept, auch die großen afroamerikanischen »Bewegungskünstler« machten das alle unterschiedlich. James Brown legte beispielsweise das größte Tempo vor, Muddy Waters tat nichts weiter, als seinen Oberkörper hin- und herzuwiegen, und Chuck Berry watschelte im Entengang über die Bühne.

Von den weißen Sängern beherrschten einige die Bühne auch ganz gut. Überragend war zweifellos Elvis Presley, der im Hüftbereich die größte Elastizität entwickelte. Mick Jagger von den ROLLING STONES wirbelte wie ein Irrwisch über die Bühne. Und auch der tapsig wirkende englische Sänger Joe Cocker bewegte sich richtig, selbst wenn er »mit den Armen wie eine besoffene Windmühle ruderte« (Nik Cohn).

Es kam gar nicht darauf an, daß man unbedingt etwas ganz Ausgefallenes machte (gewiß konnte das helfen und war vielleicht als Erkennungsmerkmal brauchbar), sondern wichtig war, daß Musik und Körper zu einer sichtbaren Einheit verschmolzen. Das galt für den Solisten genauso wie für die Band. Janis Joplin hatte sich die afroamerikanischen Sänger und ihre Begleitbands sehr genau angeschaut:

Das ist es, was ich meinen Jungs immer sage, und das ist es, was Slys Band (gemeint ist die afroamerikanische Soulband SLY AND THE FAMILY STONE, d. A.) so gut macht — wo du den Rhythmus richtig sehen kannst, du gehst »Chug-a-chug-a-chug-a-chug«. Bei diesen guten Gruppen kannst du nicht nur den Rhythmus fühlen, du kannst ihn nicht nur hören, du kannst ihn auch sehen. Wie bei Otis — wenn immer er geht, geht er rhythmisch: »Got-to-got-my-got-to-get-chug-a-chug«. Sly macht das auch: »Higher, higher«. Sie bewegen sich, sie machen den Song sichtbar, du fühlst, als ob dein ganzes Gehirn nur ein einziger 4/4-Rhythmus wäre.[11]

Wenn man dieses Grundgefühl nicht hatte, konnte man diese Musik eigentlich nicht gut spielen (ein schwarzes Jazzpublikum sieht zum Beispiel einem Musiker an, ob er gut ist oder nicht), und jeder noch so raffiniert ausgedachte Bewegungstrick wirkte zickig und lächerlich. Aber dieses Grundgefühl vorausgesetzt, war auf der Bühne eigentlich alles erlaubt. Janis Joplin hatte von Anfang an das richtige Feeling für die Musik, kleinere Tricks schaute sie sich bei Tina Turner, Otis Redding und anderen afroamerikanischen Künstlern ab.

Die Performance

Wichtig bei einem Auftritt war es, nicht nur Song auf Song folgen zu lassen, sondern das Publikum auch zwischen den Liedern zu unterhalten. Im Geschichtenerzählen war Janis großartig, manchmal schien es, als ob sie darin fast zu großartig gewesen wäre. Sie hielt sich nie zurück und breitete ihren ganzen Kummer vor Tausenden von Leuten aus. Sie war zwar oft witzig, freilich auch deftig und vulgär, doch mitunter schwang sehr viel Trauer und Angst in ihren Erzählungen mit.

Wenn Janis den von Jerry Ragovoy und Chip Taylor geschriebenen Song *Try* (von der LP JANIS — SOUNDTRACK OF THE MOTION PICTURE) live sang, erzählte sie dem Publikum zuvor folgende Geschichte:

Es war vor ungefähr einem Jahr, ich wohnte damals im dritten Stock eines Hauses in San Francisco. Ich hatte zwei Zimmer und dachte, daß bei mir ohnehin alles hinhaut. Aber so ganz war das nicht der Fall. Es hat sich bei mir überhaupt nichts getan — ihr wißt schon, was ich meine. Kein Talent ist mir über den Weg gelaufen, und dabei habe ich immer wieder dieses Mädchen auf der Straße gesehen. An ihr war auch nicht viel dran, aber bei ihr klappte es. Und da habe ich zu mir gesagt: »Was machst du falsch, Janis?« So habe ich mich entschlossen, das herauszufinden. Eines Tages bin ich zeitig aufgestanden, habe aus dem Fenster geschaut und unten dieses Mädchen gesehen. Und ich habe gesehen, wie sie es macht. Sie ist auf den Strich gegangen, schon zu Mittag ist sie auf der Straße gewesen. Gut, meine liebe Janis, habe ich zu mir gesagt, du versuchst einfach nichts. Jedesmal, wenn dir nach einem zumute ist, mußt du auch etwas versuchen. Versuch's eben ein bißchen intensiver.[12]

Eines ihrer ergreifendsten Lieder war der Blues *Ball And Chain* von »Big Mama« Thornton. Janis hatte diesen Song immer im Repertoire, und sie hat daraus ein unendlich trauriges und verzweifeltes Stück Musik gemacht.

Eine verlassene Frau singt von der Liebe, die ihr wie eine einzige große Lüge vorkommt und die sie dennoch wie ein Kettensträfling mit sich herumschleppen muß. In der Mitte des Liedes hält Janis Joplin im Gesang inne und fängt zu erzählen an:
Ich verstehe nicht, wie das gekommen ist... du bist gegangen, Mann ... Ich verstehe nicht, warum trotzdem die eine Hälfte der Welt weint, wo doch schon die andere Hälfte der Welt weint. Ich kann das einfach nicht zusammenbekommen... Ich meine, wenn du einen Kerl für einen Tag hast... du denkst, vielleicht möchtest du den Typ für 365 Tage... aber du bekommst ihn nicht für 365 Tage... du bekommst ihn für einen Tag... Also, ich sage euch, daß dieser eine Tag die bessere Sache in eurem Leben ist... du kannst weinen über die anderen 364 Tage... aber du wirst den einen Tag verlieren, und das alles kannst du dann

*Liebe nennen, Mann… das ist es dann… Wenn du es heute be-
kommen kannst, dann will es nicht für morgen… weil du es
nicht brauchst… weil, und das ist sicher, es morgen niemals
passiert… es ist doch immer der gleiche beschissene Tag…*[13]

Janis Joplin besaß die Gabe, sich ihrem Publikum wirklich
mitzuteilen und es »auf ihre Wellenlänge mitzunehmen«. Es gab
mitunter Momente, wo ihre Konzerte an eine öffentliche psy-
choanalytische Sitzung gemahnten. Janis erachtete das Publikum für wert, ihr Innerstes kennenzulernen. Aber sie verlangte
auch etwas dafür: Die Zuhörer im Saal hatten für sie als eine Art
Seelenkraftverstärker zu fungieren und mußten die empfange-
nen Emotionen tausendfach potenziert zurückgeben. In ihren
besten Konzerten, wo auch die Zuhörer genügend Sensibilität
zu entwickeln vermochten, funktionierte das auf beinahe schon
magische Art und Weise. Was in ihr vorging, wenn sie sang, beschrieb sie so:
*Mir wird ganz kalt, absonderliche Gefühle gleiten durch den gan-
zen Körper. Diese vierzig oder fünfzig Minuten, die ich dort drau-
ßen bin, sind wie hundert Orgasmen. Ich lebe für diese eine
Stunde auf der Bühne, es ist wie ein Rausch. Nur eines will ich*

*euch auf der Bühne sagen: Laßt alles bleiben und fühlt. Gefühle
sind alles, was zählt. Gebt euch ganz so, wie ihr wirklich seid,
und ihr werdet mehr sein, als ihr je geahnt habt.*[14]

Janis' Einstellung zum Leben veränderte sich durch die Musik. Sie setzte nunmehr alles auf ihre Gefühle, die sie mit Hilfe
der Musik glaubte lenken zu können. Im Gegenzug erklärte sie
ihre rational abgezirkelten Überlegungen, die sie angestellt
hatte, um ihr kompliziertes Leben in den Griff zu bekommen, für
überflüssig und sinnlos, da sie nichts als neuen Kummer gebracht hätten:

*Ich bin ein Opfer meiner eigenen inneren Befindlichkeiten. Da
gab es eine Zeit, in der ich alles wissen wollte. Ich las eine
Menge. Ich vermute, du würdest sagen, ich war ziemlich intellektuell. Es ist seltsam. Ich kann mich nicht erinnern, wann sich das
änderte. All diese Gefühle machten mich unglücklich. Ich wußte
nicht, was ich mit ihnen tun sollte, aber jetzt habe ich gelernt,
meine Gefühle für mich arbeiten zu lassen. Ich bin voll von Emotionen, und ich möchte sie rauslassen. Und wenn du auf der
Bühne bist, und wenn es wirklich läuft und du hast das Publikum
mit dir, dann ist es ein Einklang, den du fühlst. Ich bin in mir, und
sie sind in mir, und alles kommt zusammen.*[15]

Viele von Janis Joplins Äußerungen über ihre Konzerte lassen darauf schließen, daß es reichlich unorganisiert und wild auf der Bühne zugegangen sein muß. Auch die meisten Konzertberichte scheinen dies zu bestätigen und betonen das Tumultuarische des Bühnengeschehens.

Doch nichts, was dann tatsächlich auf dem Konzertpodium passierte, war der pure Zufall. Es gab zwar Raum für Spontaneität und überraschende Einfälle, aber es war in keinem Fall chaotisch. Die Grundzüge ihres Auftrittes waren geplant, und Janis Joplin wußte im voraus ziemlich genau, was sie tun würde. Dies war vielleicht nicht immer so gewesen, besonders im ersten Jahr mit BIG BROTHER ging Janis möglicherweise etwas zu ungestüm in ihre Konzerte hinein, aber sie änderte sehr schnell ihr Konzept, nicht zuletzt durch den Anschauungsunterricht bei Otis Redding und Tina Turner beeinflußt. In einem Interview, das David Dalton 1970 mit ihr geführt hat, gab sie auf seine Frage, ob ihre Auftritte nach einem bestimmten Schema ablaufen, eine bejahende Antwort:

Gewiß sind sie gegliedert. Ich kann mich erinnern, daß ich mich, als ich mit BIG BROTHER spielte, manchmal so erregt habe, daß ich aufhörte zu singen und auf und nieder zu springen begann. Ich mache das nicht mehr, weil ich weiß, daß es, wenn ein bestimmter Punkt erreicht ist, kein Halten mehr gibt und man die Dinge einfach geschehen lassen muß. Musikmachen ist aber nicht einfach die Sau rauslassen… Musikmachen ist, wie wenn man ein Gefühl nimmt und es zu einem Ende bringt, es ist eine geschlossene Sache, die den Leuten, die sich so etwas ansehen, einsichtig und verständlich sein muß. Es ist nicht nur für dich, du kannst nicht nur singen, wie du dich fühlst, du mußt dein Gefühl nehmen, es durch die Harmonien, die Instrumentation und das Arrangement filtern, und du mußt versuchen, im Publikum ein anschwellendes Gefühl zu erzeugen.[16]

Aber die eine Stunde auf der Bühne war die eine Seite, die Kehrseite dieser Medaille war eigentlich erschreckend und nicht unbeschadet auszuhalten. Das exzessive Tourneeleben, das ständige Zusammensein in einem Pulk von überdrehten Leuten, von denen sich die wenigsten so gaben, wie sie wirklich waren, forderte natürlich einen Lebenswandel, der an die Substanz ging und einen Menschen wie Janis schwer treffen mußte. Natürlich war sie mit ihrem Temperament nie unterzukriegen, machte nie schlapp und führte, angetan mit den verrücktesten Klamotten aus Seide, Federbüscheln und Wildleder und behängt mit buntem Glitzerzeug wie eine babylonische Hure, in den Bars das große Wort. Manchmal erweckte sie den Eindruck, als ob sie dieses Leben mochte, aber oft genug fand sie es widerlich und tödlich langweilig:

Das habe ich unterwegs gelernt, daß die Musik und die Stunde auf der Bühne das einzige ist, was zählt. Der Rest ist voller Scheiße: Die Leute versuchen nur, aus dir etwas herauszuholen, versuchen, mit dir zu reden. Du versuchst zu schlafen, kannst aber nicht, und ab zwei sind die Bars geschlossen... Auf Tournee sein ist nur eine einzige Mühsal, die einzige Sache, die das wettmacht, ist das Musikmachen. Jeder arbeitende Musiker, besonders die mit einer Sechs-Tage-Woche, machen das einzig und allein wegen der Musik. Es gibt keinen anderen Grund. Kein Geld ist es wert, diesen Schmerz aushalten zu müssen. Ich habe ein schönes Haus, wo ich sein könnte, um mit meinen Hunden zu spielen und meine Freunde einzuladen. Ich wäre lieber dort als hier. Jetzt habe ich einen schweren Kopf und versuche mich so weit in Form zu bringen, daß ich in ein Kino gehen kann, um diese absolut elende Langeweile loszuwerden, hier in Louisville, Kentucky.[17]

Aber wenn sie auf der Bühne stand, vergaß Janis die Mühsal und den Ärger um sie herum. Dann gab sie alles, was sie hatte. Und das Publikum fühlte sich gut, und Janis war glücklich, wenn sie es gepackt hatte und ringsherum vor Verzückung alles jubelte. Es war eindeutig ein Akt der Befriedigung und Selbstbefreiung, der sich da auf der Bühne abspielte, und die Zuhörer wurden davon angesteckt und waren im höchsten Grade begeistert und euphorisch. Als Janis und Big Brother am 17. Februar 1968 zum ersten Mal in New York im Anderson Theater auftraten, überschlugen sich die Zeitungen der Ostküste in ihren Konzertrezensionen. So etwas hatte man noch nicht erlebt: eine weiße Frau, die mit beinahe selbstzerstörerischer Hingabe Blues sang. Die vielleicht dramatischste Besprechung dieses Konzertes verdanken wir Myra Friedman:

Mit Sam Andrew nach dem Konzert,
1968 in New York

Niemals zuvor hatte ich einen solchen Sound gehört! Es war ein überstürzter Sturmangriff, eine hysterische Entladung, ein Akt der totalen Vernichtung. Es war, als ob eine unsichtbare Klaue aus ihrer Kehle käme, die sich erbarmungslos im Auditorium festkrallte. Sie stürmte in Catch Me, Daddy, *und dieses unheimliche Inferno prallte auf die quirlenden Farben der Lichtshow hinter ihr, verzweifelte Bewegungen, Schreie, Klagen, Stöhnen, Kreischen krachten taumelnd gegen einen verzerrten Klang, der sich anhörte wie ein elektrisch verstärkter Schwarm von schwirrenden Hornissen. Das war der Schrei von* BIG BROTHERS *Instrumenten. Sie schmachtete sich durch* Summertime, *ihre Stimme war wie ein Bogen, der stotternd über eine rußige Bratsche fährt. Sie lockte durch* Piece of My Heart. *Sie schüttelte sich und stampfte auf und provozierte und schlug um sich, die Reichweite ihrer Emotionen transzendierte die Wollust, auch war sie anzüglich und niedergeschlagen, und ihre sexuelle Ausstrahlung übertraf alles. Zwischen den Songs machte sie eine Pause, keuchte vor Erschöpfung, war aber nicht zu schwach, den chaotischen Lärm, der ihr zu Ehren hervorbrach, strahlend zu emp-*

fangen. Vier Zugaben wurden BIG BROTHER abgerungen, bevor das Publikum sie hat gehen lassen. Der letzte Song war Big Mama Thorntons Love Is Like A Ball 'n' Chain. Aufschreie aus dem Zuschauerraum durchsetzten das unheimliche Wehklagen, das aus ihrer Kehle am Ende des Songs aufstieg. Eine fassungs-los machende Pause folgte. Dann bäumte sich die Menge auf wie eine riesige Pferdeherde, die man soeben mit einem Brand-zeichen versehen hatte, und warf sich schreiend und mit großer Wucht vorwärts zur Bühne.[18]

A STAR IS BORN

Das Internationale Rockfestival in Monterey war der unbestreitbare Höhepunkt des »Summer of Love – 1967« – es war der Durchbruch der Hippies und Blumenkinder in das Bewußtsein der breiten Öffentlichkeit, und vornehmlich geschah dieser mit Hilfe der großartigen Musik ihrer Bands, die in den Massenmedien fast schon hysterische Reaktionen auslöste und durch Don A. Pennebakers beeindruckenden Konzertfilm »Monterey Pop« popularisiert worden war.

Nach dem Festival waren die San-Francisco-Bands JEFFERSON AIRPLANE, GRATEFUL DEAD und vor allem JANIS JOPLIN AND BIG BROTHER AND THE HOLDING COMPANY zu nationalen Berühmtheiten geworden. Aber sensible Beobachter der Szenerie schauten mit Wehmut und Trauer auf Monterey zurück:

Es war unausbleiblich: Sobald das Festival vorüber war und alle schön nach Hause gegangen waren, begann der Abstieg des Hippiekults. Monterey war wundervoll gewesen, ja, aber dann kehrten die Leute zurück zu ihren Jobs und in ihr Leben, ihre traurigen Realitäten, und alles schien vorbei. Neue Versuche wurden unternommen, dieselbe Stimmung wieder aufkommen zu lassen, aber es haute nie wieder richtig hin. Immer bleibt das erste Mal das einzige Mal. Und als dann der Herbst kam und die Sonne wieder niedriger stand, da fiel alles auseinander. Wenn man zurückschaut, erkennt man, daß Monterey Anfang und Ende zugleich war.[1]

Mit Monterey begann der Ausverkauf der Hippieideale, und daran waren auch viele der San-Francisco-Bands beteiligt. Die

Mit Ed Pigpen von den GRATEFUL DEAD

meisten großen Schallplattenfirmen hatten bestimmte »Vorah-
nungen« gehabt und ihre Fachleute nach Monterey geschickt,
um die Lage zu beobachten. Falls das Hippietum sich als weltweite Mode durchsetzen sollte, konnte man mit dieser Musik —
der man das Etikett Acid-Rock (Acid = Säure, gemeint ist LSD)
verpaßt hatte — gewiß Millionen verdienen. Und wenn sich das
wirklich als ein Kuchen erweisen sollte, wollten alle davon ein
möglichst großes Stück abbekommen. So tummelten sich in
Monterey zwischen den farbenprächtig gekleideten Hippies und
den süßen, kleinen Blumenmädchen seriöse Schallplattenprodu-
zenten, Konzertveranstalter und Manager. Sie hatten sich in aller
Schnelle ein paar Kettchen umgehängt, aber »was klimperte,
war ihr Geld« (Myra Friedman). Und tatsächlich, es klappte: Hip-

pie oder Blumenkind zu sein wurde zu einem modischen Tick und harmlosen Spaß. Der Kommerzialismus hatte in Windeseile die Szene in die Knie gezwungen und verkaufte das Hippietum als neueste Masche. Für scharfsichtige Beobachter war das keine Überraschung. Es kam ja so, wie es kommen mußte. Der Kapitalismus war mit Liebe, Blumen und Träumen nicht aus den Angeln zu heben. Einmal davon abgesehen, daß sich die Hippies in keiner Weise einer wissenschaftlichen Revolutionstheorie verpflichtet fühlten, die ein realistisches Konzept zumindest zur Diskussion gestellt hätte, erwies sich ihre Strategie des »spontanen Reagierens« als annähernd wirkungslos. Ja, in gewisser Weise machte man sich vom politischen Establishment abhängig, indem man auf dessen Aktionen reagierte und das Heft des Handelns kaum in die eigenen Hände bekam.

Auch wenn die bizarren Ideen und Tagträume eine Massenbasis fanden, war es doch die weiße Mittelklasse, die das Gros der Bewegung stellte. Und die Mittelklasse ist eher ein Garant für Wankelmütigkeit und Indifferenz, als daß sie einen klaren und unmißverständlichen Standpunkt beziehen würde. Es wurde zwar gezeigt, daß man überreichlich Phantasie hatte, aber damit war ja noch keine Revolution zu gewinnen. Und mit Mao-Bildern herumzurennen, wie die BEATLES in ihrem Lied *Revolution* sangen, genügte eben auch nicht. Als der von ihnen gehaßte Richard Nixon 1968 zum amerikanischen Präsidenten gewählt worden war, wurde vielen jugendlichen Umstürzlern klar, daß sie damit die Schlacht endgültig verloren hatten. Die Szene fiel nach und nach in Lethargie. Einige wenige (wie die Gruppierung der WEATHERMEN) suchten ihr Heil in sinnlosen terroristischen Aktionen, doch die meisten Hippies reihten sich wieder in die kapitalistische Gesellschaft ein.

Als allgemein erkannt wurde, daß es auch in der Hippiekommunität Geld zu holen gab, zerbröckelten selbst die geschlossenen Reihen der Langhaarigen. Und beim »Absahnen« waren die Hippiekapitalisten (als besonders abschreckende Exemplare galten Chet Helms und Bill Graham) genauso skrupellos wie die feinen Herren in Nadelstreifenanzügen. Es hatte sich also nicht viel geändert. »Der Kapitalist«, meinte Studentenführer Jerry Rubin, »der sich ›hip‹ gibt, ist ein Kapitalistenschwein.« Doch nicht alle gaben auf und ließen sich von den grünen Dollarscheinen den Schneid abkaufen.

Obwohl im Herbst 1967 die Massenmedien allerorten behaupteten, daß der Traum der Hippies wie »eine Seifenblase zerplatzt sei« und diese weltfremden Spinner »nur einen Sommer lang getanzt hätten«, setzten sich die echten Blumenkinder, die sich plötzlich einer wahren Springflut von nachgeahmten gegenübersahen, gegen die Vermarktung ihrer Ideale zur Wehr.

Am 6. Oktober 1967 fand im Buena Vista Park von San Francisco eine Trauerfeier statt. Es wurde *der Hippie* zu Grabe getragen und samt seinen sinnlos gewordenen Utensilien, wie Hippie-Glöckchen, Hippie-Ketten, Hippie-Kleidern, Hippie-Blumen und Hippie-Drogen, mit Benzin übergossen und verbrannt. Über dem Sarg, der auf einem Scheiterhaufen stand und mit Pfauenfedern, Fahnen und Zauberformeln geschmückt war, hing in großen Buchstaben die Aufschrift: »The Summer of Love.« In den Zeitungen war eine Todesanzeige erschienen, die die Einäscherung »des Hippies, des ergebenen Sohnes der Massenmedien« anzeigte.

In ihrem freiwilligen Untergang sahen die Blumenkinder der ersten Stunde die einzige Chance, sich dem korrumpierenden Einfluß der kapitalistischen Marktstrategen und der manipulierenden Massenmedien zu entziehen. Zudem hatte die unerhörte Publizität Wochenend- und Ferien-Hippies nach San Francisco gelockt, die in Haight Ashbury nun ein wirkliches Chaos erzeugten. Es kam zu Ausschreitungen. Die Mexicanos und Afroamerikaner, die in den umliegenden Vierteln wohnten, fühlten sich bedroht. Kriminelle Elemente, die sich eingeschleust hatten, erzeugten Angst und Schrecken. Es gab Überfälle, Vergewaltigungen, und die Drogenszene wurde nunmehr von großen Verbrechersyndikaten kontrolliert.

Der neue Mensch heißt Yippie

Also beschloß man, den Hippie sterben zu lassen und etwas Neues zu machen. Aus den Hippies wurden Yippies (abgeleitet von »Youth International Party«, einer Bewegung, die von Künstlern und politisch Engagierten wie Abbie Hoffman, Allen Ginsberg und Phil Ochs begründet worden war), und diese politisierten sich zusehends. Eines ihrer Hauptangriffsziele war der verbrecherische Krieg, den die USA in Vietnam führten. Vor dem Pentagon wurde »eine Teufelsaustreibung zelebriert«, Einberufungsbefehle wurden öffentlich verbrannt, und in einigen Städten wurden sogar die Büros der US-Armee gestürmt und die dort lagernden Akten und Unterlagen vernichtet. Am 18. Februar 1968 lieferten sich die Yippies von Haight Ashbury die erste Straßenschlacht mit Sondereinheiten der Polizei, und viele weitere sollten im »heißen Sommer« 1968 folgen.

Weltweit beachtete Aktion der Yippies war ihre Gegendemonstration anläßlich des Parteikonvents der Demokratischen Partei in Chicago in der letzten Augustwoche 1968. In die nordamerikanische Geschichtsschreibung sollten die Geschehnisse, die sich während des Wahlkongresses abspielten, als »Belagerung von Chicago« eingehen.

Der Bürgermeister von Chicago, Joe Daley, ließ seine Polizei derart gegen die jugendlichen Aufrührer Amok laufen, daß selbst Abgeordnete seiner eigenen Demokratischen Partei öffentlich von Gestapomethoden sprachen. Dabei hatten die Yippies nur ein »Festival der Daseinsfreude« im Chicagoer Lincoln Park organisiert, das »Schönheit, Liebe und Offenheit« als die Charakteristika der erstrebten Gegengesellschaft propagieren sollte. Allerdings hatten sie auch, um den Zirkus der Präsidentschaftswahlen zu entlarven, ein Schwein zu ihrem Präsidentschaftskandidaten ernannt und es in einem bunten Umzug durch die Stadt geführt. Die Polizei setzte gegen die Jugendlichen Wasserwerfer, Tränengas und Knüppel ein, und da sie in der Hitze des Gefechtes unvorsichtigerweise auch gleich ein paar Journalisten mit verprügelten, war nicht nur in den kleinen Untergrundzeitungen von einer »Orgie der Gewalt« gegen wehrlose Demonstranten zu lesen, sondern auch die großbürgerlichen Nachrichtenmagazine wie »Newsweek« und »Time« berichteten in einem scharfen und unmißverständlichen Ton.

Für den Schriftsteller Norman Mailer — gewiß kein Yippie, sondern eher ein reichlich desillusionierter Chronist der Zeit — waren die Vorgänge in Chicago nicht leicht zu verstehen. Die Lage hatte sich so weit zugespitzt, daß bloßes Verständnis auch nicht mehr ausreichte. Wirkliches Engagement war gefordert. Norman Mailer, der als Korrespondent für die »Washington Post« zum Parteikonvent geschickt worden war, mußte sich fragen: »Waren diese seltsamen ungekämmten Kinder Streiter, mit denen man gerne in die Schlacht zog?«

Und diese Frage war für den Schriftsteller nicht leicht zu beantworten, denn irgendwie erschien ihm dieser jugendliche Protest unwirklich und bizarr. Sein scharfer analytischer Verstand konnte nicht so recht nachvollziehen, was unter den wirren und zerzausten Schöpfen vorging. Doch fühlte er sich unbändig von den jugendlichen Rebellen angezogen und spürte, daß sie recht hatten:

Mochten die Kinder auch verrückt sein, aber sie wurden Tag für Tag respektabler. Sie hatten eine Vision, die ihre eigene Schönheit hatte; die andere Seite hatte keine Vision, sie träumten ausschließlich davon, Gehirne mit Ziegelsteinen zu zerschmettern.[2]

Norman Mailer ging in den Lincoln Park, den Yippies seine Unterstützung anzubieten und ihnen Mut zuzusprechen. Er begann seine Rede mit Worten, die eine allbekannte und nichtssagende Formel aus dem Showgeschäft ist und die er »bis in den tiefsten Grund seiner Seele haßte«, welche aber hier an dieser Kultstätte der Gegenwelt auf die Ebene des Wirklichen und Wahrhaftigen gehoben wurde. Norman Mailer begann seine Rede mit den Worten: »Ihr seid schön!«

Kleider machen Leute

Janis Joplin, die zwar keinen aktiven Anteil an der politischen Entwicklung nahm — sie war einfach viel zu sehr mit sich selbst beschäftigt —, wurde dessen ungeachtet nach Monterey zur Symbolfigur der jungen Generation. Ein »Pin-Up-Girl« von ganz neuer Qualität. Ein Sexsymbol völlig neuen Zuschnitts. Ihr vielzitierter Ausspruch: »Berausche dich, sei fröhlich und fühl dich wohl«, wurde zum Leitmotiv für viele Jugendliche. »Und jedermann«, so schrieb Myra Friedman, »bewunderte ihre Worte.«

Noch während des Festivals in Monterey traf Janis Joplin eine weitreichende Entscheidung. Am Sonnabendnachmittag war sie noch in ihren alten, abgetragenen Beatnik/Hippie-Klamotten auf der Bühne, am Sonntagnachmittag trug sie bereits ein Kleid aus Goldlamé.

Sie hatte sich auf den Star-Trip begeben. Die Musiker von Big Brother bemerkten dies sofort. Aus der »Wilden Blume aus Texas« (in englisch *Bluebonnets*) sollte nach und nach »Pearl« werden, der exzentrische Paradiesvogel mit den verrücktesten Kleidern am Leib, Federbüscheln auf dem Kopf, güldenen Sandalen und Reifen an Händen und Füßen.

Janis nahm den Kampf auf. Sie wollte keine im kleinen bewunderte Kultfigur mehr sein – das war ihr jetzt zu wenig. Von nun an würde sie jede sich bietende Chance, eine weltberühmte Sängerin zu werden, mit aller Entschiedenheit nutzen. Selbst die großen Gefahren eines Superstarlebens würden sie zu keinem Verzicht mehr bewegen können. Janis Joplin versuchte es, und zwar so stark und heftig, wie sie nur konnte.

Nach dem Festival in Monterey brauchten sie und Big Brother einen neuen Manager. Julius Karpen war der Sache nicht mehr gewachsen. Für San Francisco und die umliegenden Ortschaften war er zwar ganz brauchbar gewesen, aber nachdem Janis diesen Riesenerfolg hatte, galt es, das Management für die gesamte Vereinigten Staaten in den Griff zu bekommen. Linda Gravenites, eine Modegestalterin und über Jahre Janis' beste Freundin, erkannte die Lage und gab ihr folgenden Rat: *Hey, das hängt davon ab, was du willst. Wenn du nur spielen willst und viel lachen und Spaß haben, dann solltest du mit einem anderen Manager aus San Francisco abschließen. Aber wenn du ein internationaler Star werden willst, dann schließe mit Albert Grossman ab.*[3]

Ein Gesicht, wie aus Stein gemeißelt

Albert Grossman war ein Manager aus New York und galt als die bedeutendste und schillerndste Figur in diesem Geschäft. Er hatte die Vierzig schon überschritten und wußte genau, was er wollte: Unabhängig von den gängigen musikalischen Moden hatte er seinen eigenen Geschmack, und er managte nur Künstler, die ihm gefielen und deren Musik er wirklich akzeptieren konnte. Angebote von Leuten, die zwar an den Konzertkassen und in den Plattenläden großen Erfolg hatten, deren Künstlertum ihm aber nicht zusagte, lehnte er ab. Im Gegenzug hielten sich diese Leute meist dadurch schadlos, daß sie von Grossman schlecht redeten und ihn als einen Mann mit wenig Stil bezeichneten. In jungen Jahren war er selbst ein Folksänger und hatte in Chicago den Folk-Club »Purple Onion« besessen. Daraus hatte sich dann eine reguläre Managertätigkeit entwickelt. In den sechziger Jahren brachte er seine Firma ganz an die Spitze des Musikgeschäfts und unterhielt in New York ein Büro mit zahlreichen Angestellten.

Albert Grossman war unter anderem der Manager folgender Rock- und Folkmusiker: Big Bill Broonzy, Odetta, Mike Bloomfield, Richie Havens, James Cotton, PETER, PAUL AND MARY, THE BAND, THE PAUPERS, Paul Butterfield, Gordon Lightfoot, Ian und Sylvia und – des berühmtesten von allen – Bob Dylan.

Durch die vielen widersprüchlichen Äußerungen, die in der Öffentlichkeit über Albert Grossman verbreitet wurden, war sein Bild nie ganz klar gezeichnet. Auch viele Leute, die sehr engen Kontakt mit ihm hatten – die Künstler und seine New-Yorker Angestellten –, wurden aus ihm nicht so recht schlau. Nick Gravenites nannte Albert Grossman ein »Granitgesicht«, auf dem sich keinerlei Gefühlsregung abzeichnete. Niemand konnte genau sagen, was er dachte. Natürlich verunsicherte er dadurch seine Umwelt. Er machte zumeist einen finsteren und unnahbaren Eindruck, und für viele der San-Franciscoer Musiker war Albert Grossman der typische Repräsentant der New-Yorker Geschäftswelt, kühl und berechnend.

Besonders über sein Verhältnis zu Bob Dylan wurde viel gerätselt. Angeblich soll Grossman den Protestsänger bewegt haben, vom reinen Folkgesang auf den Folkrock umzusteigen, was ja schließlich die populäre Musik in den USA auf das nachhaltigste beeinflußt hat. In dem von D. A. Pennebaker gedrehten Dokumentarfilm »Don't Look Back«, der Bob Dylans erste Englandtournee nachzeichnet, erschien Grossman als verschlagener Geselle, der in einer Filmsequenz mit einer Verbalattacke sondersgleichen einen englischen Konzertveranstalter in Grund und Boden redete.

Mit Manager Albert Grossman in New York, 1968

Myra Friedman, die in Grossmans Büro als Pressereferentin arbeitete, kannte ihren Chef wohl besser als viele andere, die — ausschließlich auf vagen Vermutungen aufbauend — schlecht über Grossman redeten. Andererseits wußte sie aber auch, daß er kein Unschuldslamm war — wie sollte er das wohl in diesem Geschäft sein —, aber er war auch kein ausgekochter Bösewicht, und ein Dummkopf war er gleich gar nicht. Myra Friedman mochte ihren Chef und nannte ihn »einen der letzten Exzentriker im Musikgeschäft«. Auch ein ehemaliger Mitarbeiter bei Columbia, Kapralik, sprach wohlwollend von ihm:
Er war schlau und gerissen, ich hatte immer ein gutes Verhältnis zu ihm. Er hat für seine Klienten schwer gekämpft. Nachdem ich jetzt selbst Manager bin, habe ich tiefen Respekt vor jedem Manager, der eingeht auf das, was ein Künstler zu sagen hat, und der für seinen Künstler in den Ring steigt. Und genau das tut Albert.[4]
Grossman maß Erfolg ausschließlich an den ausgehandelten Gagen, und seine Schützlinge erhielten immer die Spitzensätze. (Künstler wie Joan Baez, die sich wenig aus Geld machen, nann-

BIG BROTHER mit Albert Grossman (links)
und Clive Davis (rechts)

ten diese Einstellung destruktiv.) Da er zu Beginn der sechziger
Jahre vornehmlich im Folkbereich tätig war, trug ihm das den
Vorwurf ein, daß er mit seinem eiskalten Geschäftsgebaren die
Folkmusik kommerzialisiert hätte.

Grossman war ein dicklicher – sein Hang zu gutem Essen
war sprichwörtlich –, aber trotzdem sehr beweglich wirkender
Mann. Mit seinen langen Haaren sah er aus wie ein Uralt-Hippie.
Sein Spitzname in der Musikbranche war »Der schwebende
Buddha«.

Die allgemein verbreitete Version war die, daß Grossman von
Janis' Gesang in Monterey so beeindruckt und überwältigt gewesen sein soll, daß er sie sofort unter Vertrag nehmen wollte.
Für Leute, die Grossman gut genug kannten, war das wenig
glaubhaft. Seine Art war es vielmehr, mit kühlem Verstand die
Vor- und Nachteile abzuwägen, und dann seine Entscheidung zu
fällen.

Tatsächlich mußte er erst überzeugt werden. Um den Ver-
tragsabschluß mit Grossman bemühten sich Bob Gordon, der
Rechtsberater von BIG BROTHER, Konzertveranstalter Bill Graham
und auch (Ex-)Manager Julius Karpen, der wenig Mühe hatte
einzusehen, daß die Band nach Monterey eine Nummer zu groß

für ihn geworden war. Grossmans endgültige Entscheidung fiel, als Janis Joplin ihn in New York anrief und die Lage erklärte.

Im November 1967 flog er nach San Francisco, um mit BIG BROTHER AND THE HOLDING COMPANY den Vertrag zu unterzeichnen. Eines der schwierigsten Probleme vor der Unterzeichnung war, den alten Plattenvertrag mit Mainstream Records zu lösen, damit man mit der großen Firma Columbia abschließen konnte. Bobby Shad, der Besitzer von Mainstream Records, erinnerte sich plötzlich an seine Band und gab BIG BROTHER erst nach zähem Ringen für die stolze Summe von 250 000 Dollar frei. Der Vertrag mit Columbia Records wurde erst im Februar 1968 unterzeichnet. Janis machte dabei dem Chef von Columbia in aller Unschuld den Vorschlag, die Unterschriftsleistung im Bett zu besiegeln – Clive Davis lehnte, völlig aus der Fassung gebracht, ab.

Die eigentlichen Verhandlungen zwischen den Musikern (Janis Joplin war Mitglied der Band und wurde mit jedem der anderen Musiker gleichgestellt) und Albert Grossman waren reichlich sonderbar. Die Musiker verlangten – voller Herzklopfen wegen der Unverschämtheit – ein Mindesteinkommen von 75 000 Dollar pro Person im Jahr. Wenn diese Bedingung erfüllt wäre, würde der Manager 20 % aller Einnahmen erhalten. Albert Grossman dagegen bot den Musikern 100 000 Dollar an, und sie akzeptierten. Nach den Verhandlungen machte der New-Yorker Manager eine seiner rätselhaften Bemerkungen: »Vertraut mir niemals!« Der Vertrag wurde zur Unterzeichnung vorbereitet, aber noch ehe unterschrieben werden konnte, sagte Albert Grossman:

Wir sollten eines aber noch ganz klar stellen. Es gibt eine Sache, mit der ich nichts zu tun haben will, und das ist Rauschgift. Ich habe schreckliche Dinge gesehen, und wenn jemand hier ist, der damit rumspielt, dann gibt es keinen Grund, daß wir weitermachen. Wir können die Sache dann als erledigt betrachten, bevor wir überhaupt angefangen haben.[5]

Noch am Abend der Vertragsunterzeichnung, die mit einem frugalen Mahl in Chinatown gefeiert wurde, stellte Albert Grossman klar, daß es jetzt das Wichtigste für BIG BROTHER AND THE HOLDING COMPANY sei, so schnell wie möglich eine gute Platte auf den

Markt zu bringen. Da er richtig vorausgesehen hatte, daß die Musiker allein damit überfordert wären, hatte er auch gleich John Simon mitgebracht. Dieser war ein professioneller Musiker (er hatte eine Zeitlang bei der kalifornischen Gruppe ELECTRIC FLAG die Keyboards gespielt) mit ganz außergewöhnlichen Fähigkeiten. Er sollte die Platte produzieren und für alle musikalisch-technischen Fragen zuständig sein.

Janis Joplin war von John Simon beeindruckt, sie hatte vor dem großartigen Musiker einen höllischen Respekt. Denn trotz aller Erfolge war sie sich ihrer musikalischen Qualitäten nie ganz sicher und hegte immer Zweifel, ob sie überhaupt singen könne.

Natürlich konnte sie – und John Simon war von Janis' sängerischen Fähigkeiten sehr angetan, zumal sie ihr ungezügeltes Temperament und ihre burschikose Wildheit im Studio noch forcierte. Doch sie arbeitete auch hart und ließ sich keineswegs gehen. Auch Elliot Mazer, der für den Sound auf der Platte verantwortlich zeichnet, äußerte sich voller Begeisterung:

Sie war einfach eine Wucht. Zwei Wochen lang waren nur Janis, der Toningenieur und ich jeden Tag von zwei Uhr nachmittags bis sieben Uhr am Morgen ununterbrochen im Studio. Wenn man über sie rumerzählt, daß sie nur eine schöne Zeit haben will und nicht arbeitet, dann ist das wirklich nur blödes Gequatsche. Ich habe niemals einen Künstler kennengelernt, der härter gearbeitet hätte. Sie war zwanzigmal ernsthafter als diese Leute von der Band.[6]

Im letzten Satz des Zitats ist eine Kritik an den Musikern von BIG BROTHER herauszuhören, und genauso hatte es Elliot Mazer auch gemeint. BIG BROTHER AND THE HOLDING COMPANY wurden zum musikalischen Problem. Als lautstarke und energiegeladene Liveband, die ihre amateurhaften Qualitäten mit viel Witz und Geschick sogar in einen Vorzug umzumünzen verstand, waren sie zu akzeptieren. Aber im Plattenstudio waren BIG BROTHER fast eine Katastrophe. Mit der ohrenbetäubenden Lautstärke, die sie auf der Bühne zu erzeugen verstanden, konnten die Musiker ihre Unsauberkeiten vertuschen. Aber auf Band aufgenommen und in Zimmerlautstärke abgehört, kamen all die Fehler ans Licht, und es ließ sich nicht mehr verheimlichen, daß sie zum größten Teil ihre Instrumente nur mangelhaft beherrschten. Die

Interview während eines Auftritts im Winterland, 1968

Musiker waren nicht in der Lage, ihre Musik sauber aufs Band zu bringen, einzig Janis Joplins Gesang war makellos.

Nach mehreren Monaten harter Arbeit hatte John Simon nahezu 200 Bänder aufgenommen (teils waren sie im Studio eingespielt worden, teils bei Konzerten mitgeschnitten) und versuchte aus den vielen einzelnen Takes eine anhörenswerte Platte zu mischen. Um die Sache einigermaßen in den Griff zu bekommen, wurden die Studioaufnahmen, die ein bißchen besser waren als die Konzertmitschnitte, mit Beifallgeräuschen unterlegt, um so den Eindruck einer Liveplatte zu suggerieren, für die die musikalischen und tontechnischen Maßstäbe nicht so hoch sind. Auch einige andere Studiotricks baute man kurzerhand ein. Im *Turtle Blues* wurde beispielsweise der Klang einer zerspringenden Tasse untergemischt, die Janis einmal verse-hentlich im Studio zerschlagen hatte.

Andererseits übte auch die Plattenfirma (vornehmlich Co-lumbiachef Clive Davis) einen derart großen Druck auf die Pro-duzenten aus, die Platte endlich fertigzustellen, daß diese keine Zeit hatten, all die schwachen Stellen auszubügeln. Elliot Mazer erinnert sich, daß diese LP aufgrund der vielen Vorbestellungen schon eine »Goldene Schallplatte« war, während er noch über-legte, wie er die zweite Plattenseite füllen sollte.

Anfang August 1968 erschien dann endlich CHEAP THRILLS. Ur-sprünglich sollte die Platte DOPE, SEX AND CHEAP THRILLS (Rausch-gift, Sex und billige Schauer) heißen, aber den Verantwortlichen von Columbia war dieser Name zu anstößig und sie ließen nur CHEAP THRILLS gelten.

Cheap Thrills

Das Plattencover war von dem bekannten amerikanischen Car-toonisten Robert Crumb entworfen worden. Die ursprüngliche Idee dazu stammte von Janis, und sie setzte ihre Vorstellungen auch gegenüber den Vorbehalten der Plattenfirma durch.

In Comic-Strip-Manier illustrierte Crumb die einzelnen Songs auf der Plattenvorderseite. Im Mittelpunkt (dafür wurde das Symbol des »Gottesauges« benutzt) befindet sich »Big Mama« Thorntons *Ball And Chain.* Das kann man gewiß als Zeichen des-sen werten, welch großen Wert Janis diesem Blues beimaß. Strahlenförmig sind dann die anderen Lieder angeordnet und ein paar Scherze untergebracht. So ist in einem der unteren Bild-segmente das Publikum aus Bill Graham's Fillmore Auditorium karikiert. Aus ihren Reihen steigen Sprechblasen auf, die modi-sche Hippieausdrücke enthalten: »Think I'm drop out«, »Far out« oder »Sock it to us«. Alles zustimmende Äußerungen. Es fehlt auch nicht das unvermeidliche Drogenvokabular wie »Smack«, »Speed« oder »Acid«. Inmitten des Publikums ist auch ein Poli-zist abgebildet, karikiert mit der unverkennbaren Physiognomie eines Schweines (im Englischen *pig* = allgemein gebräuchlicher Slangausdruck für *Policeman*). Dieser kann in den allgemeinen Jubel nicht mit einstimmen, seine Sprechblase enthält »too much«.

CHEAP THRILLS ist den HELL'S ANGELS gewidmet, ihr Abzeichen ziert die rechte untere Ecke. Oben links ist Janis dargestellt, die die Platte(nshow) mit folgenden Worten eröffnet: »Playin' an' singin' fer yew the following tunes…« (die eigentümliche Schreibweise soll sich wohl ihrer Art zu sprechen annähern).

Nachdem BIG BROTHER angesagt wurden, beginnt CHEAP THRILLS mit dem Song *Combination Of The Two*, geschrieben von Sam Andrew, der auch der Sänger ist. Janis ist nur mit Schreien aus dem Hintergrund zu vernehmen. Musikalisch getragen wird der Song von einem einprägsamen Motiv, das oft genug wiederholt wird, um beim Publikum haften zu bleiben. Der Gitarrenchorus von James Gurley kommt sehr ungezügelt und etwas unorganisiert daher. *Combination Of The Two* ist ein wilder und harter Rocksong, gerade recht als Eröffnungsnummer.

I Need A Man To Love wird durch ein lautstarkes Bluesgitarresolo — gespielt von Sam Andrew — eingeleitet. Obwohl der formale Ablauf des Stückes nicht dem sonst üblichen Bluesschema entspricht (auch der Backgroundgesang der Band und die synkopierte Baßfigur sind unüblich), herrscht doch eindeutig Bluesstimmung vor. Dafür sorgt schon die mit viel Hall und Verzerrung gespielte Gitarre und natürlich Janis' Gesang. Von ihr stammt auch der Text (komponiert hat Sam Andrew), den sie sich auf den Leib geschrieben hat. Sie braucht einen Mann zum Lieben und weiß genau, was sie mit ihm machen will: »Ich möchte nur meine Arme um dich legen, so wie einen die Sonnenstrahlen umfangen. Halte mich fest, Darling, zumindest so lange, bis der Morgen kommt.«

George Gershwins Wiegenlied *Summertime*, aus der Oper »Porgy and Bess«, wird ganz von Janis' zuerst verhaltenem, dann immer bedrohlicher werdendem »Schreigesang« geprägt. Mit dieser Interpretation geht sie weit über das hinaus, was im Text vorgegeben ist, ja sie kehrt den Inhalt fast in sein Gegenteil um. Dem in den Schlaf zu singenden Kind wird versprochen, daß es bis zu dem Tag, »an dem es seine Flügel ausbreitet und gen Himmel fährt«, kein Leid erfahren wird. Doch Janis singt, stöhnt und schreit den Text so heraus, als ob niemandem, auch dem Baby nicht, schlimme Erfahrungen erspart bleiben werden. Das Arrangement schrieb Sam Andrew, und mit dem Gitarresolo in der Einleitung, das nach vier Takten durch eine zweite Gitarren-stimme ergänzt wird, ist ihm etwas Hübsches eingefallen. Das Lied erhält dadurch einen polyphonen Charakter, der sich dann aber schnell wieder auflöst.

Piece Of My Heart ist die Cover-Version einer Ragovoy/ Berns-Komposition. Janis Joplin machte diesen Song zu ihrem Erkennungslied: Wenn sie allein ist, weint sie die ganze Nacht, weil der Schmerz einfach nicht auszuhalten ist. Aber wenn einer da ist, der sie in seine Arme nimmt, ist alles ganz leicht. Und Ja-nis bittet: »Drum komm und nimm noch ein Stück von meinem Herzen, brich noch ein Stück von meinem Herzen.« Nach Mei-nung des Columbia-Chefs Clive Davis war *Piece Of My Heart* der einzige Titel von Cheap Thrills, der sich für eine Single-Auskopp-lung geeignet hätte. Allerdings glaubte er, daß man den Song »kommerziell« zurechtbiegen müßte. Davis stellte folgende Überlegungen an:

Der Song hat eine gute Schlagzeile, eben jene, die sich im Ge-dächtnis festhakt, aber die Zeile »take a little peace of my heart, baby« kehrt nicht häufig genug wieder, um zwingend und unaus-löschlich zu sein. Ein Lied wie Raindrops Keep Fallin' On My Head *entläßt den Hörer mit dem Impuls, diese Zeile nachsingen oder -pfeifen zu wollen. Das ist eine klassische Schlagzeile, und sie wiederholt sich oft genug, um während der Dauer des Songs wie ein Thema innerhalb des Themas zu wirken.*[7]

Vom verkaufstaktischen Gesichtspunkt sind das messer-scharfe Überlegungen (auf die gleiche Art und Weise bringt man auch Waschpulver oder Orangensaft an den Mann), aber künst-lerisch ist es ein geradezu unverschämter Bockmist. Aber es war (und ist noch immer) eine weitverbreitete Ansicht, daß man nur so zu einem Hit käme. (Wohin das führen kann, zeigt bei-spielsweise die Hit-Version der Byrds von *Mr. Tambourine Man.* Bob Dylans episch weit ausladendes Lied wurde so zusammen-gestrichen, daß fast nur noch der Refrain übrigblieb.)

Im Falle von *Piece Of My Heart* war es jedoch nicht so tra-gisch, da die Botschaft des Textes sich in der Titelzeile er-schöpfte. Davis setzte seine Toningenieure an, die gewünschte Single-Fassung »zusammenzuschneiden und zu -kleben«. Dann überredete er Janis zu dieser Version. Janis willigte gewiß auch

wegen des »Geschäftsvorteils« ein, aber letztlich wohl vor allem deshalb, weil die Unterschiede gering waren. Sie sang *Piece Of My Heart* ohnehin immer so, daß alles auf die Kernaussage des Liedes zusteuerte. Mit ihren Mitteln hatten die Toningenieure das gleiche gemacht.

Der *Turtle Blues* (geschrieben von Janis) ist ein klassischer Blues, ganz im Stile von Bessie Smith. Das 12taktige Grundschema wird strikt eingehalten und ein typisches Bluespiano, gespielt vom Produzenten John Simon, begleitet den Gesang. Der Chorus wird von Peter Albin auf einer akustischen Gitarre gespielt. Am Schluß gerät Albin musikalisch ins Schleudern und bringt sein Solo nicht korrekt zu Ende. Genau an dieser Stelle wurde die zerspringende Tasse in die Aufnahme eingemischt, wodurch ein beinahe surrealer Effekt erzielt wurde. Im Text bekennt Janis, daß sie ein ganz gemeines Weib sei. Sie behandele die Männer so, »wie sie will, und nicht, wie sie sollte«.

In *Sweet Mary* ist Janis nur im Background zu hören, Leadsänger ist Sam Andrew. Das Stück erhält seinen besonderen Charakter durch die Gitarresoli, die sehr laut, durchdringend und ungestüm sind. Tempowechsel und Breaks sorgen für zusätzliche Spannung. Auf diese Art von Musik würde wohl am ehesten das Etikett »Acid-Rock« zutreffen.

Ball And Chain ist der letzte Titel der Platte. Wenn man Janis' Interpretation mit der Aufnahme von der Liveplatte JOPLIN IN CONCERT vergleicht, fällt eine gewisse Zurückhaltung auf, die sie später zugunsten einer fast schon selbstzerfleischenden Vortragsweise aufgegeben hat.

Von allen Liedern, die Janis sang, ist *Ball And Chain* das ergreifendste und schmerzhafteste. Dem zuzuhören ist kein Vergnügen mehr, hier wird man zum Zeugen, ja zum mitleidenden Gefährten der sterbensunglücklichen Sängerin. Selbst von der Langspielplatte ist der Eindruck überwältigend, ja kaum auszuhalten – um wieviel stärker muß dieser Song erst live gewirkt haben. Es ist ihre angeschlagene Seele, die sie in aller Öffentlichkeit zur Schau stellt.

CHEAP THRILLS wurde von der Kritik zwiespältig aufgenommen. Aber das Publikum, dem es vornehmlich um die »Botschaft« ging, war mit der Platte sehr zufrieden. Die wilde und ungezügelte Spielweise von BIG BROTHER fand man sehr gut eingefangen, und das ganze Produkt strahlte für die Fans zweifelsohne den Zauber der Unschuld aus.

Diejenigen jedoch, die sauberes, fehlerfreies Musizieren hören wollten, wurden enttäuscht. Musikalisch und tontechnisch ist die Platte mangelhaft. Aber beides, Spontaneität *und* musikalische Qualität, war von BIG BROTHER einfach nicht zu bekommen. Nur der Gesang von Janis Joplin versprach dieses Erlebnis.

Die Trennung

Kurze Zeit, nachdem CHEAP THRILLS erschienen war, wurde offiziell bekanntgegeben, daß sich Janis Joplin von BIG BROTHER AND THE HOLDING COMPANY trennen würde. Sie verließ BIG BROTHER in aller Freundschaft, zumindest wurde dies so der erstaunten Öffentlichkeit bekanntgegeben. Natürlich waren die Musiker wütend, als Janis ihnen ihre Absicht mitteilte, doch sie akzeptierten die Entscheidung relativ schnell und waren in gewisser Weise sogar erleichtert, hatten sie doch das harte Tourneeleben als geradezu mörderisch empfunden. Auch wurden sie durch einen lukrativen Schallplattenvertrag mit Columbia versöhnlich gestimmt. (Tatsächlich brachte die Band dann ohne Janis zwei sogar hoch gelobte LPs heraus: BE A BROTHER und HOW HARD IT IS.)

Einzig der Bassist Peter Albin warf Janis Verrat vor und konnte ihr nie so richtig vergeben. Auch ein Großteil von Janis' Hippiefreunden aus San Francisco — so die beiden Digger Emmett Grogan und Peter Coyote — konnten sich mit dem Auseinandergehen von Janis und BIG BROTHER nicht abfinden.

Janis hatte sich diese Entscheidung nicht leicht gemacht, und sie litt unter der Trennung am meisten. Trotz aller guten und vernünftigen Gründe, die sie anführen konnte, war sie sich nie ganz sicher, ob es auch wirklich richtig war. Aber sie hatte das Gefühl, daß sie in einer Situation war, in der von ihr eine Entscheidung verlangt wurde — auf der einen Seite stand die Musik mit ihren harten Forderungen, denen die Musiker einfach nicht gewachsen waren, auf der anderen Seite war da eine menschliche Gemeinschaft, die sie alle zusammen begründet hatten, mit gemeinsamen Idealen und Hoffnungen, die durch Janis' Weggang zerstört wurden. Janis Joplin entschied sich für die Musik und eine große Karriere:
Ich liebte sie, und ich liebe sie immer noch, mehr als irgend jemanden anderen auf der Welt. James und Sam waren die zwei Männer in meinem Leben. Aber es gab eine Menge Probleme...

Ich konnte einfach in die Musik keine Aufrichtigkeit mehr ein-
bringen. Ich meine, das war niemandes Fehler. Es war vielleicht
ein Fehler, daß wir so viel auf Tournee waren oder daß jeder-
mann zu faul wurde. Du weißt, sie dachten: Warum arbeiten,
wenn doch alles auch so läuft. Schließlich sagte ich mir: Wenn
du dich als Sänger betrachtest, bist du ein Künstler. Ich wollte
einige neue Sachen machen. Ich hatte neue Ideen, eigentlich
nichts Konkretes, aber ich hatte ein Gefühl für die Richtung, in
die ich mich bewegen wollte. Es sollte nicht mehr so sein, daß
ich nur noch auf der Stelle trat und Erfolg hatte, also verließ ich
sie.[8]

Es wurde viel darüber spekuliert, ob Janis' Bleiben bei BIG
BROTHER ihren frühen Tod verhindert hätte. Das ist natürlich mü-
ßig, da sich die Dinge eben ganz anders entwickelten. Dennoch
kann man ihren Weggang von BIG BROTHER, der ja keineswegs ein
launischer und unüberlegter Entschluß war, als ein symptomati-
sches Anzeichen dafür sehen, daß das gesamte »gegenkultu-
relle« Konzept bereits Ende der sechziger Jahre gefährdet war.
In einem Artikel über Janis Joplin äußerte die Journalistin Ellen
Willis folgende Gedanken:

Ich war BIG-BROTHER-Fan. Ich fand, sie waren bessere Musiker
als ihre Verleumder behaupteten, aber, genau gesagt, war tech-
nische Vollkommenheit, für sich genommen, kaum etwas, wor-
auf ich Wert legte. Ich empfand es als verhängnisvolles Zeichen,
daß so viele Leute das taten – einschließlich Janis. Tatsächlich
war es ein Zeichen dafür, daß die zarte Allianz zwischen Mas-
senkultur und Künstlerdasein zerbrach. Aber der Zusammen-
bruch war nicht so klar, wie es scheinen mag. Denn der elitäre
Begriff vom »guten Musikhandwerk« war dem holistischen, ega-
litären Geist des Rock'n'Roll ebenso verbunden wie das Verhal-
ten, seine Gruppe zu verlassen, um seine eigenen Interessen
besser verfolgen zu können, den historischen, egalitären An-
sprüchen der Kulturrevolutionäre verbunden war. Ob nun Jo-
plins Entscheidung, ihren Weg allein zu gehen, von all den offen-
sichtlich professionellen/kommerziellen Einflüssen bestimmt
war, sie spiegelte auch einen Konflikt zwischen den Werten in-
nerhalb der Gegenkultur selbst wider – ein Konflikt, der deren
drohende Aufspaltung bereits vorausahnen ließ.[9]

Janis Joplin hatte mit ihrer neuen Band kein Glück. Während sie noch mit BIG BROTHER auf Tournee war — ihr letztes gemeinsames Konzert fand am 1. Dezember 1968 in San Francisco statt —, wurden die Musiker überall im Lande zusammengesucht. Janis wollte eine richtige Soulband haben, also eine Band mit Bläsern. Ihre Vorbilder waren die zumeist rassisch gemischten Gruppen, die auf den Platten der Firma Stax spielten und den sogenannten Memphis-Sound kreiert hatten. Musikalisch war dieser Stil ein Konglomerat aus schwarzem Rhythm and Blues und weißem Country and Western, das in den Studios von Memphis auf sehr eigenwillige Weise zusammengemixt wurde und dadurch unverwechselbar war. Genau dieser Sound erschien Janis erstrebenswert, weil sie sich durch die Bläserriffs noch mehr antreibende Energie für ihren Gesang erhoffte. Es gab jedoch eine Menge Leute, unter anderen Albert Grossman, die ihr davon abrieten. Sie waren der Meinung, daß ihre Stimme und der Bläsersound nicht gut zusammenpassen würden.

Aber das stellte sich letztlich gar nicht als das Problem heraus. Die meisten Schwierigkeiten entstanden vielmehr dadurch, daß die Gruppe mit zu großer Eile zusammengestellt worden war. Mike Bloomfield, Elliot Mazer und Nick Gravenites hatten zwar bei der Suche nach guten Musikern geholfen, aber als die Band komplett war, stellte man fest, daß jeder der Musiker für sich genommen durchaus ein Könner, ihr Musikantentum jedoch von zu unterschiedlicher Herkunft war. Deshalb hätten sie eine weitaus längere Probenzeit haben müssen, um musikalisch wirklich zusammenzukommen. Diese Zeit nahm man sich aber nicht, die Formierung geschah in viel zu großer Hast.

Drei Tage vor dem ersten Auftritt wurde Mike Bloomfield von Albert Grossman nach San Francisco beordert, um die letzten Proben zu leiten und ein drohendes Debakel zu verhindern. Die Hektik war so groß, daß die Band nicht einmal einen Namen bekam. Es waren verschiedene Vorschläge gemacht worden, so JANIS AND CHARLIE, JANIS JOPLIN BLUES CHURCH, JANIS JOPLIN'S PLEASURE PRINCIPAL oder gar JANIS REVUE AND MAIN SQUEEZE, aber nichts paßte wirklich. In die Rockgeschichte sollte die Gruppe dann als KOZMIC BLUES BAND eingehen. Der Name wurde von der Langspielplatte I GOT DEM OL' KOZMIC BLUES AGAIN, MAMA! abgeleitet.

Mit der KOZMIC BLUES BAND
in der Dick Cavett Fernsehshow

Die ersten Konzerte spielte die Band in folgender Besetzung: Sam Andrew (git), Bill King (org), Marcus Doubleday (tr),
Tony Clemens (ts), Brad Campbell (b) und Roy Markowitz (dr).
Bis auf Sam Andrew von BIG BROTHER kannte Janis keinen der
Musiker, die zwar alle versierte Profis waren, das Spielen mit ihr
aber nur als einen Job ansahen wie jeden anderen auch. Sie waren für die Sache nicht wirklich engagiert. Ihren ersten gemeinsamen Auftritt hatten Janis Joplin und die neue Band am 21. Dezember 1968 in Memphis im Mid-South Coliseum. Das Konzert
war eingebettet in eine Show, die unter dem Namen »The
Memphis Sound Party« alljährlich veranstaltet wurde. Es war ein
großer Fehler ihres Managements, mit einer neuformierten und
noch sehr unsicheren Band dort aufzutreten. Die anderen Gruppen und Sänger – THE BAR–KAYS, Albert King, THE MAD LEADS,
Judy Clay, Carla und Rufus Thomas, Eddie Floyd – waren musikalisch der KOZMIC BLUES BAND weit überlegen und spielten einfach besser. Außerdem war Janis mit ihrem Hippiespektakulum,

das für Memphis einfach zu wild und zu ungestüm war, hier fehl am Platze. Es gab nur sehr wenig Applaus und keine Zugabe: *Sie waren wirklich leidenschaftslos — sie wollten nur eine Show. Ich pflegte für Leute zu spielen, die fühlen möchten, was ich fühle. Die dort gaben einen Scheiß auf Gefühle — die wollten nur ein paar Tanzschritte sehen, einen hübschen Boogaloo-Beat hören und dann nach Hause gehen. Das war nicht mein Publikum.*[10]

Nach der Enttäuschung von Memphis ging die KOZMIC BLUES BAND noch einmal in Klausur, und auch die Besetzung wurde verändert. Der neue Trompeter hieß Terry Hensley, und die Orgel spielte Richard Kermode, mit dem sich Janis anfreundete. Kurze Zeit später kam noch der Baritonsaxophonist Cornelius »Snooky« Flowers hinzu. Gemeinsam mit Sam Andrew übernahm er auch den Backgroundgesang. Besonders durch seinen ausgeprägten Humor wurde Snooky eine Bereicherung für die Band.

Die Proben waren hart, und man kam sich wenigstens musikalisch näher, obwohl die menschlichen Spannungen innerhalb der Gruppe nicht wichen, sondern sich eher noch verstärkten. Für den 11. und 12. Februar waren in New York in Bill Grahams neueröffnetem Fillmore East (als Ergänzung zum Fillmore West von San Francisco) die nächsten Konzerte angekündigt. Dort mußte man wirklich gut sein, denn die gesamte Presse würde ihre besten Kritiker schicken, und das verwöhnte und anspruchsvolle New-Yorker Publikum ließ ein schwaches Konzert gewiß nicht durchgehen. Die Fernsehgesellschaft CBS wollte sogar einen Konzertfilm drehen, aber das konnte man noch in letzter Minute verhindern und in ein Interview abwandeln. Alle waren unsicher, und keiner wußte, was wirklich passieren würde. Die Band spielte zwar noch immer nicht großartig, aber sie war auch nicht schlecht und keineswegs eine Katastrophe. Janis hingegen war sehr gut. Sie zog das Publikum, das sich wegen ihres Bruchs mit BIG BROTHER anfangs reserviert verhielt, auf ihre Seite; und als sie ihr Konzert mit einem ganz neuen Lied von Nick Gravenites, *Work Me Lord*, beendete, brach das New-Yorker Publikum in Jubelstürme aus.

Mitte März waren Janis Joplin und die KOZMIC BLUES BAND in Kalifornien, wo sie in der bekannten Konzertarena »Winterland« auftraten. Albert Grossman hatte für diesen Auftritt eine Supergage ausgehandelt. Noch Mitte 1968 konnten die Veranstalter Janis Joplin für 4500 Dollar engagieren. An diesem Wochenende im »Winterland« schloß man für 30 000 Dollar ab, und von nun an sollten die Gagen auch in dieser Spitzenregion bleiben.

Doch um den künstlerischen Erfolg war es anders bestellt. Hier in San Francisco geschah für Janis etwas völlig Unerwartetes: Ihr Publikum verriet sie — so schien es ihr zumindest. Die Band leistete freilich immer noch nichts Außergewöhnliches, doch bei BIG BROTHER hatte das ja auch nichts ausgemacht. Janis hoffte auf einen Akt des Vertrauens, aber der kam nicht:

Das San-Franciscoer Publikum hat mich mit meiner neuen Gruppe im Stich gelassen, sie haben sich abgewendet und mir ihre Hintern gezeigt. Okay, wir waren nicht so gut wie SANTANA, wir spielten aber erst zwei Monate zusammen. Ich bin kein Profi, ich war immer nur in einem Haufen von Freunden, es wird noch eine Weile dauern.[11]

Der Rockkritiker Ralph J. Gleason beschrieb das Konzert und zog daraus Schlüsse, die ihm Janis niemals verzieh. Als sie Gleasons ziemlich hinterhältigen Artikel im »San Francisco Chronicle« gelesen hatte, geriet sie in einen unbeschreiblichen Zornesausbruch. Denn das, was da geschrieben stand, verletzte sie tief — besonders der dann später vielzitierte letzte Satz war ein unerwarteter Tiefschlag:

Es ist fast nicht zu glauben, aber es ist eine Tatsache, daß bei ihrem ersten Auftritt hier mit einer eigenen Gruppe — nach all dieser nationalen Publicity und den enormen Verkaufszahlen ihres Albums mit BIG BROTHER AND THE HOLDING COMPANY — das Publikum im Winterland keine Zugabe verlangte. Ihre neue Band ist ein Hemmschuh. Sie spielen zwar O. K., aber sie sind nur eine blasse Version der Memphis-Detroit-Bands, die Rhythm-and-Blues-Shows machen. Und Janis, obwohl bei guter Stimme, scheint sich in eine Aretha Franklin verwandeln zu wollen... Die beste Sache, die sie tun könnte, wäre, wenn sie diese Band verließe und wieder zurückginge, um ein Mitglied von BIG BROTHER zu werden... (falls die sie überhaupt noch wollen).[12]

Mit ihren Fans

Im April ging Janis mit der Kozmic Blues Band auf Europatournee. Sie traten in Amsterdam, Kopenhagen, Stockholm, Paris, Frankfurt am Main und London auf. Ihr Erfolg war überwältigend, das Publikum raste vor Begeisterung, und die Konzertkritiken klangen so übertrieben euphorisch, daß sie bei Skeptikern wohl Kopfschütteln oder gar Schmunzeln verursacht haben mochten. Aber all jene, die das Glück hatten, eines der Konzerte mitzuerleben, bestätigten jedes einzelne begeisterte Wort. Selbst eine solch konservative Zeitung wie der englische »Daily Telegraph« ließ sich zu einer überschwenglichen Lobeshymne hinreißen:

Hier war tatsächlich eine Stimme, die Liebe, Schmerz, Freiheit und ekstatische Erfahrung auf tröstliche Weise verkörperte, ein Feuer, das von einem Herzen, diesem warmen, runden Stück Fleisch, spricht.[13]

Die »Frankfurter Allgemeine« veröffentlichte eine Konzertbesprechung von Ulrich Olshausen. Und auch er konnte seine Begeisterung kaum zügeln:

Janis Joplin ist ein Gesangswunder. Ihre Stimme schreit, röhrt, keucht, röchelt, läutet, haucht, flüstert — mit einer fast beängstigenden Intensität und gleichzeitig konzentrierter Musikalität. Es hat eine solche Mischung von Farbenreichtum, totaler Verausgabung und musikalischer Sicherheit wohl noch nicht gegeben. Tondauer, Vibrato und Intonation werden mit solcher Meisterschaft beherrscht, daß technische Gesangsprobleme kaum mehr zu existieren scheinen. Man kommt sowieso kaum dazu, über Technik zu reflektieren; sie wird zu sehr von der Expressivität überdeckt.[14]

Und das letzte Konzert der Tournee, das in der altehrwürdigen Londoner Albert Hall stattfand, gestaltete sich zu einem besonderen Triumph Janis Joplins. Bis dahin war sie in England eigentlich kein so großer Hit gewesen. Ihr Album CHEAP THRILLS hatte sich nicht besonders gut verkauft, aber nach diesem Konzert wurde sie auch in Großbritannien zum Superstar. »Janis brach durch die Mauer britischer Reserviertheit«, schrieb die englische Musikzeitschrift »Melody Maker« in ihrer Konzertrezension, »lockerte die Zuhörer auf, erschütterte sie, ließ sie aus sich herausgehen und machte sie an.«

Und doch an der Nadel

Die Europatournee hatte Janis und der Band gutgetan. Die Spannungen innerhalb der Gruppe wurden durch die vielen Reiseeindrücke, die verwirrenden Abenteuer in den europäischen Hotels und den herzlichen und warmen Empfang durch das Publikum abgebaut oder zumindest überspielt. Aber noch wichti-

ger war, daß Janis während der ganzen Tournee kein Rauschgift nahm.

Kurz nach ihrem überwältigenden Erfolg in Monterey hatte sie damit wieder angefangen, zwar sehr vorsichtig und »überlegt«, aber diesmal ging es nicht um Speed. Janis hatte im Sommer 1967 zur wirkungsvollsten und gefährlichsten Droge gegriffen, die bekannt war. Sie spritzte sich Heroin. Als im Herbst die Vertragsverhandlungen mit Albert Grossman stattfanden, hing sie schon an der Nadel. Ihre Versicherung, daß sie noch nie etwas mit Heroin zu tun gehabt hätte, war da schon eine Lüge. Eine wichtige Klausel im Vertrag mit Albert Grossman war also schon von Anfang an gebrochen.

Janis verheimlichte ihre Sucht mit viel Raffinesse. Einer ihrer bekanntesten Sprüche war: »Wozu denn Rauschgift nehmen, wenn ich mich mit Southern Comfort Whisky besaufen kann.« Nur die wenigsten wußten vom Heroin, da ihr gleichzeitiger exzessiver Alkoholkonsum die Symptome, die ein Heroinabhängiger in der Regel zeigt, verdeckte und überlagerte. Aber nach und nach verlor Janis die Kontrolle über ihre Sucht. Im Februar 1969 hatte sie sich eine Überdosis gespritzt. Und wenn nicht ihre Freundinnen Linda Gravenites und Pat »Sunshine« Nichols sich mit einer Schockbehandlung um sie bemüht hätten, wäre sie vermutlich schon da gestorben.

Linda Gravenites, die auf der Europatournee dabei war, fühlte sich nun überglücklich und hoffte, daß Janis für immer von den Drogen frei sein würde, zumal bei ihr keine größeren Entzugserscheinungen sichtbar wurden.

Aber sie hatte sich getäuscht. Am letzten Tourneetag, nach dem grandiosen Konzert in der Albert Hall, fand eine Party statt, bei der jede Menge Junkies anwesend waren. Janis nutzte sofort die Chance und spritzte sich eine kleinere Dosis Heroin. Als dann aber jemand wegen einer Überdosis ins Koma fiel, hielt es Linda, die schmerzhaft an den Vorfall mit Janis zwei Monate zuvor erinnert wurde, nicht mehr aus und verließ ihre Freundin.

Linda war verzweifelt darüber, daß sie hilflos zusehen mußte, wie sich ein ihr nahestehender Mensch langsam und systematisch umbrachte. Sie hatte nicht mehr die Nerven, Zeuge dieses tragischen Geschehens zu sein. Monate später ging sie zu Janis zurück. Diese hatte ihr flehentliche Briefe geschrieben und das Versprechen abgegeben, vom Rauschgift endgültig zu lassen.

EIN STÜCK
VON MEINEM HERZEN

Nach Beendigung ihrer Europatournee gingen Janis und die Band im Juni nach Los Angeles, um im Schallplattenstudio von Columbia ihr Album I GOT DEM OL' KOZMIC BLUES AGAIN, MAMA! aufzunehmen. Was sich hier abspielte, bezeichnete der Bassist Brad Campbell als total chaotisch: »Jeder kämpfte gegen jeden.« Die alten Unstimmigkeiten innerhalb der Gruppe kamen wieder zum Vorschein, und unter dem Druck der anstrengenden Studioarbeit wurde jede Menge latent schlummernder Aggressivität freigesetzt.

Gabriel Mekler war der Produzent der Platte. Er war von den KOZMIC-BLUES-Leuten nicht allzu begeistert und brachte für bestimmte Aufnahmen Musiker seiner Wahl mit ins Studio. Die Band hatte offensichtlich musikalische Probleme, da unmittelbar vor den Aufnahmen zwei neue Musiker hinzugekommen waren und eine etwas längere Einspielzeit nötig gehabt hätten. Luis Gasca hieß der neue Trompeter, und anstelle von Roy Markowitz spielte Maury Baker Schlagzeug.

Obwohl die Spannungen während der Plattenaufnahmen nahezu unerträglich waren und Gabriel Mekler keinen Weg fand, etwas dagegen zu tun — durch das Hinzuziehen von fremden Musikern verschärfte sich der Druck sogar noch —, geriet die Langspielplatte zu einem Meisterstück. Janis Joplin, die nach Aussagen von Mekler während der Aufnahmen kein Rauschgift nahm, war in sängerischer Höchstform. Einerseits war ihr Gesang zwar immer noch wild, ungezügelt und ekstatisch, doch andererseits hatte sie ihre Stimme jederzeit unter Kontrolle und brachte die unwahrscheinlichsten Vokalisen zustande. I GOT DEM OL' KOZMIC BLUES AGAIN, MAMA! kam im November 1969 heraus und war freilich ein Erfolg.

I Got Dem Ol' Kozmic Blues Again, Mama!

Im Gegensatz zu CHEAP THRILLS macht die LP I GOT DEM OL' KOZMIC BLUES AGAIN, MAMA! einen glatten und stellenweise sogar polierten Eindruck. Die Idealvorstellung von Janis war wohl gewesen, eine Soulplatte zu produzieren, und zwar auf so perfekte Weise wie irgend möglich. Bestimmte Seiten ihres Gesanges mußte sie deswegen verleugnen, an die Stelle ihrer ungebändigten Wildheit setzte sie aber einen zuchtvollen und wohldosierten »Schreigesang«, der besonders den melodischen Songs zugute kam. Janis Joplin war ganz offensichtlich im Besitz des musikalischen Rüstzeugs, um eine bedeutende Balladensängerin zu werden. Ihre Interpretation von *Maybe* (ein Song der RAYTALS), *To Love Somebody* (ein Lied der BEE GEES) und vor allem *Little Girl Blue* (ein alter Judy-Garland-Hit) bestätigen das.

Ein ergreifend schöner Song ist besonders der Klassiker *Little Girl Blue.* Er stammt aus dem Jahre 1935 und wurde von dem berühmten Broadwaykomponisten Richard Rodgers komponiert. Den Text schrieb Lorenz Hart — fast möchte man meinen, für Janis. Es ist von einem unglücklichen, traurigen Mädchen die Rede, das »nichts weiter tun kann, als ihre Finger und die Regentropfen zu zählen«. Das Arrangement basiert auf einem Streichersatz, und über diesem Teppich erhebt sich Janis' klagende und verzweifelte Stimme, als ob sie auf diese Weise die »Tore des Himmels aufstoßen wolle«. Ein Vergleich mit den berühmt-berüchtigten Aufnahmen mit Streicherbegleitung des Jazzsaxophonisten Charlie Parker in den frühen fünfziger Jahren scheint durchaus berechtigt.

Parker ist seinerzeit deswegen von »eindimensional« denkenden Jazzfans massiv angegriffen worden, und auch gegenüber Janis' neuem Stil gab es von seiten puristischer Rockfans einige Kritik. Aber beiden Parteien ist die Dialektik dieser Musizierweise — samtweicher Sound wird einer rauhen Leadstimme gegenübergestellt — offensichtlich entgangen. Für den Hörer je-

Auf dem Dach des Chelsea Hotels in New York, 1970

doch, der nachvollziehen konnte, was sich da an musikalischer Spannung entwickelte, war es ein ästhetischer Hochgenuß. Denn Charlie Parker und Janis Joplin gelang es, diese beiden widersprüchlichen Komponenten so miteinander zu verbinden, daß auf einer höheren musikalischen Ebene der Widerspruch gelöst wurde, indem der »unbändige Aufschrei«, den man nicht mehr als Klang definieren konnte, als vortrefflicher Bestandteil der Musik erkannt und reintegriert wurde.

Im *Kozmic Blues*, der vom musikalischen Ablauf her kein herkömmlicher Blues ist und auch einige balladeske Elemente enthält, versucht Janis, ihrem Kummer und ihrem Leid eine schicksalhafte Dimension zu geben. Die Aussage des von ihr selbst geschriebenen Textes ist folgende: »Von welcher Seite man das Leben auch anpackt, es wird immer schief gehen, und es wird immer weh tun. Die Last, die man zu tragen hat, ist einfach zu schwer.«

Aber die Worte — wenn man sie überhaupt akustisch verstehen kann — sagen nicht viel. Janis Joplins Philosophie kommt lautmalerisch daher. Wie sie mit der »Poesie« umgeht, ist von ganz neuer Qualität. Die Botschaft teilt sich nicht durch die Wörter mit, sondern wird direkt an den Mann und die Frau gebracht – durch Schreien, Schluchzen, Stöhnen...

So gut auch der *Kozmic Blues* auf der Platte aufgenommen wurde, der ganze Sinn des Liedes war nur live zu erfahren. So schrieb der Journalist William Hedgepeth in einem Artikel für das »Look Magazin« im Januar 1970:

Hier werden keine gekotzten, säuberlich abgezirkelten Verse gesungen. Und wer kann denn überhaupt mehr, als ein paar nackte Wörter aus diesem zerquetschen Donnerwetter hervorgeheulter Silben herausklauben? (»Ahhee WOGPleaghuh woo«, bricht sie wieder los.) Ich jedenfalls nicht. Aber alle kapieren die Hauptsache. Die Hauptsache ist, wie Janis empfindet, was sie spürt, und alle sind begierig, das aufzunehmen, mit ihr zu teilen, mit ihr zu spüren. Dafür sind sie gekommen.[1]

Zwischen den Aufnahmen des Kozmic-Blues-Albums im Juni 1969 und dem Erscheinen der Platte im November war Janis mit ihrer Band fast ständig unterwegs und gab Konzerte in allen Teilen der Vereinigten Staaten, sie waren auch kurz in England, Devonshire Downs. Und nachdem sie am 18. März 1969 in der berühmten Fernsehshow von Ed Sullivan aufgetreten waren, spielten sie am 18. Juli in der Dick Cavett Show. Eines der meistgelobten Konzerte hatten sie am 3. August auf dem Atlantic City Pop Festival, wo Janis mit Little Richard im Duett sang.

Und natürlich waren Janis Joplin und die Kozmic Blues Band im selben Monat beim gewaltigsten Rockereignis aller Zeiten dabei, dem legendären Woodstock-Musik-und-Kunst-Jahrmarkt.

Woodstock – Fanal oder Schmierenkomödie?

Das Festival fand vom 15. bis 17. August 1969 auf einer riesigen Wiese des Farmers Max Yasgar in White Lake bei Bethel statt. Bethel ist ein kleines Dorf, das etwa 150 Kilometer nordwestlich von New York entfernt liegt. Bekannt wurde jedoch das Festival unter dem Namen Woodstock, weil es ursprünglich in der Nähe dieses Ortes geplant war, aber dann verlegt werden mußte. Es gab Gerüchte, daß der Name auch deshalb beibehalten wurde, um Bob Dylan, der in Woodstock wohnte und nicht beim Festival dabei war, dennoch symbolisch einzubeziehen.

Ansonsten war aber der gesamte Olymp amerikanischer Rockstars – neben einer Handvoll englischer Rockheroen wie Joe Cocker, TEN YEARS AFTER, Keef Hartley und THE WHO – vertreten: Jimi Hendrix, PAUL BUTTERFIELD BLUES BAND, SANTANA, CREEDENCE CLEARWATER REVIVAL, MOUNTAIN, BLOOD, SWEAT & TEARS, JEFFERSON AIRPLANE, THE BAND, Joan Baez, COUNTRY JOE & THE FISH, Richie Havens, Arlo Guthrie, SHA-NA-NA, CROSBY, STILLS, NASH AND YOUNG, GRATEFUL DEAD, Johnny Winter, SLY & THE FAMILY STONE. Von der nicht mehr existierenden Folkrockgruppe LOVIN' SPOONFUL war der Sänger John B. Sebastian dabei, dessen Auftritt eigentlich nicht vorgesehen war, der aber, als es zu regnen anfing und die Gruppen aus Sicherheitsgründen ihre Verstärker nicht anschließen konnten, zur akustischen Gitarre griff und mit seiner wundervoll eindringlichen Folkstimme Lieder sang, die dem Festival ganz besondere Glanzlichter aufsetzten. Den absoluten musikalischen Höhepunkt bildete jedoch Jimi Hendrix' Version des *Star Spangled Banner*.

Jimi Hendrix führte auf seine unnachahmliche Art und Weise eine Geschichte vor, die den meisten der Zuhörer bekannt war. In Jack Kerouacs Roman »On The Road« hißt der Ich-Erzähler Sal Paradise das Sternenbanner verkehrt herum, allerdings in einer Nacht- und Nebelaktion und als verwegene Einzeltat. Das »Aufziehen« des Sternenbanners trat dagegen bei Jimi Hendrix aus dem Bereich des individualistischen Aufmuckens heraus, wurde einem begeisterten Publikum live vorgeführt und auf Schallplatte und Dokumentarfilm weltweit vertrieben.

Mit der musikalischen Zerstörung der amerikanischen Hymne demaskierte Jimi Hendrix unüberhörbar den *American Way of Life*. Die Hymne wurde elektrisch zerrissen und zerfetzt. Es heulte, dröhnte und donnerte, Bomben und Düsenjäger schienen zu explodieren. Diese infernalische Musik war nicht nur akustisches Sinnbild dafür, daß Amerika tagtäglich Vietnam bombardierte, sondern auch dafür, daß es sich im Inneren selbst zerstörte.

Aber Jimi Hendrix hatte noch mehr zu bieten: Auf den Trümmern der amerikanischen Nationalhymne errichtete er die Vision eines besseren Amerika, indem er über den Song *Purple Haze* in ein mit lateinamerikanischen Rhythmen unterlegtes Instrumentalstück hinein improvisierte. Jetzt klang alles wunderbar leicht und sanft. In brillanter und überzeugender Manier hatte er das vollbracht, was die Sängerin Joni Mitchell in ihrem Lied *Woodstock* beschwor: »Und am amerikanischen Himmel verwandeln sich Bomber in Schmetterlinge.«

Das Festival war von den vier jungen Geschäftsleuten Mike Lang, Joel Rosenman, John Roberts und Arthur Kornfeld organisiert worden, die mit etwa 60 000 Besuchern gerechnet und dementsprechend auch ihre Vorbereitungen getroffen hatten. In den New-Yorker Underground-Zeitungen war mit den berühmten Namen der Musiker geworben worden und damit, daß es sich in Woodstock um ein Festival für Frieden und Musik handeln sollte.

Schätzungen ergaben, daß sich etwa eine Million junger Leute auf den Weg gemacht hatten, um in Woodstock dabeizusein. 400 000 Leute erreichten ihr Ziel, der Rest blieb irgendwo zwischen New York und Bethel auf den total verstopften Straßen hängen.

Die Dinge gerieten außer Kontrolle. Die Musiker konnten nur noch mit Hubschraubern zur Bühne gebracht werden, die Lebensmittel- und Trinkwasserversorgung war zusammengebrochen, die sanitären Verhältnisse waren eine Katastrophe, dreißig Ärzte waren per Hubschrauber eingeflogen worden, um zumindest so etwas wie eine medizinische Betreuung anzudeuten. Als es dann zu regnen begann, verwandelte sich das gesamte Farmgelände in einen Pfuhl aus Matsch und Schlamm. Und was eigentlich am schlimmsten war: Der größte Teil des Publikums konnte die Musik – wegen der es ja gekommen war – gar nicht gut hören. Die Verstärkeranlagen brachten einfach nicht die Leistung, die ausgereicht hätte, ein derart riesiges Gebiet adäquat zu beschallen. Aber – und das war das Wunder von Woodstock – es machte den Leuten nichts aus, sie verhielten sich ruhig, halfen sich untereinander, so gut es eben ging, und begründeten eine Gemeinschaft, die sich nicht durch Zwang und Druck von »oben« zusammengeschlossen hatte, sondern durch Freiheit und Liebe von »unten«, aus sich selbst heraus. Und diesmal waren es nicht nur eine Handvoll Tagträumer und Spinner, sondern, wie Janis Joplin während ihres Auftrittes jubelte, »jetzt gibt es Massen und Massen und Massen von uns«.

Der Yippie Abbie Hoffman prägte für die jungen Leute den Begriff »Woodstock Nation«, Allen Ginsberg bezeichnete das Festival als ein »bedeutendes planetarisches Ereignis«, und die Zeitschrift »Hotcha« schrieb:

Das ist eine Kraft, die junge Menschen aus der ganzen Welt zusammenbringt, sie dazu bringt, gemeinsam zu leben, den anderen seine Sache machen zu lassen, sich an sich und aneinander zu erleben — etwas, das sich immer mehr ausbreitet und dem die Kriegmachergeneration mit völligem Unverständnis begegnet.[2]

Aber nicht nur die oppositionelle Untergrundpresse ließ Woodstock hochleben, auch die großen bürgerlichen Zeitungen und Zeitschriften verfaßten wohlwollende Berichte und halfen, den Mythos der Woodstock Generation zu etablieren.

War dies nun wirklich die Geburtsstunde einer Generation, die im Sturmwind über die althergebrachten falschen Werte und Normen hinwegfahren würde? Den meisten der in Woodstock Beteiligten wurde erst nach den euphorischen Zeitungsberichten klar, bei welch großartiger Sache sie dabeigewesen sein sollten, sie redeten nunmehr auch von Revolution, Umsturz und einer neuen Gesellschaft. In Woodstock selbst empfanden es viele wohl doch nur als ein aufregendes Wochenendabenteuer.

Doch eine der Glocken, mit denen die Revolution, von der auf einmal so viele sprachen, »eingeläutet« werden sollte, klang falsch: In White Lake rannten Leute mit Schildern rum, auf denen zu lesen war: »Schafft ein schöneres Amerika, nehmt Drogen!« Viele, viel zu viele der jugendlichen Weltverbesserer und Umstürzler glaubten wirklich, daß es so leicht wäre, den Himmel hier auf Erden zu erlangen: Man brauchte sich also gar nicht besonders anzustrengen, mußte nur eine Pille nehmen, einen Joint rauchen oder sich einen Schuß setzen, und die Welt würde sich in ein schönes und farbenprächtiges Spektakel verwandeln. Alle Menschen wären frei und glücklich bis an das Ende ihrer Tage. Dieses Woodstock lag irgendwo zwischen Märchenland, Nirwana und dem Paradies.

Aber nicht die Welt verwandelte sich, nur die Gehirne wurden massiv betäubt, und der von Drogen Berauschte koppelte sich von der Realität ab. Was Rauschgift noch alles bewirken konnte, wurde wenige Jahre später offenbar. Es kam nämlich ans Tageslicht, daß viele der US-Soldaten unter Drogeneinfluß standen, als sie in Vietnam Kriegsverbrechen begingen.

Auch aus einem anderen Lebensbereich hätten sich die weißen Jugendlichen aus der Mittelklasse warnende Beispiele holen können, aber daran dachten sie in ihrer Überschwenglichkeit nicht. In den schwarzen Ghettos wie Harlem, der South Side von Chicago oder Watts grassierte bereits seit den dreißiger und vierziger Jahren eine Drogenwelle. Dort wurde aber Rauschgift nicht zur »Bewußtseinserweiterung« genommen, sondern die Süchtigen versuchten sich mit Drogen einen Schutzschild vor den brutalen und menschenunwürdigen Lebensbedingungen des Ghettos zu errichten. Aber auch das funktionierte nicht. Es endete immer nur damit, daß der Rauschgiftsüchtige sich selbst zerstörte. Die Heerschar der daran zugrunde gegangenen schwarzen Jazzmusiker ist dafür ein beredtes Beispiel. So hatten in den sechziger Jahren die Afroamerikaner für die Euphorie der weißen Jugendlichen über bewußtseinsverändernde Drogen nur ein trauriges Lächeln übrig. Der Schriftsteller LeRoi Jones schrieb:

Aber die Anbetung des Poetisch-Psychedelischen und des LSD schmeckt nach einer weißen Chemie. Sie hoffen sich zu entwikkeln (wie wir alle), aber »durch die Chemie«, was verdammt nach dem Dupont-Konzern schmeckt.[3]

Während des Festivals in Woodstock gab es einen öffentlichen Drogenmarkt, wo die Händler frei ihre Ware anbieten konnten. Von leichten Marihuanazigaretten bis hin zu LSD-getränkten Zuckerstücken gab es alles zu kaufen, und es wurde so viel Dope geraucht, daß ein Polizeibericht registrierte, »daß man schon vom Einatmen der Luft benebelt wurde«.

Eine Menge »schlechter Drogen« (verunreinigte oder mit anderen Substanzen versetzte Stoffe) waren im Umlauf und verursachten böse Horrortrips. Von der Bühne herunter warnten die Festivalsprecher Chip Monk und John Morris davor. So gab es glücklicherweise während der drei Tage nur einen einzigen Todesfall wegen einer Überdosis.

Dennoch war die Naivität, mit der die meisten Jugendlichen an ihre Wunderdrogen glaubten, erschreckend und für viele früher oder später tödlich. Als der Rockmusiker Frank Zappa, einer der klarsten Denker innerhalb der amerikanischen Rockszene, 1968 ein Manifest gegen den Gebrauch von Drogen herausgebracht hatte, gab es kaum positive Reaktionen darauf. Im Gegenteil hat er sich damit viele seiner Musikerkollegen zu Feinden gemacht. Ende der sechziger Jahre war der Glaube an eine positiv-verändernde Kraft besonders von psychedelischen Drogen wie LSD oder Meskalin geradezu übermächtig. Erst in den siebziger Jahren setzte eine Ernüchterung ein, und zu Beginn der achtziger Jahre konnte der Gitarrist Little Steven in einem Interview sagen, daß »es in den USA praktisch keine politischen Liedermacher mehr gäbe, die Rauschgift nähmen«. Aber in den wilden endsechziger Jahren verhallten Frank Zappas Worte ungehört:

Wir lehnen in Wirklichkeit jede tierische, mineralische, pflanzliche, synthetische Substanz, jedes Mittel, jede Praxis ab, die darauf gerichtet sein könnte, Körper, Intellekt oder Geist des Individuums in einen Zustand des Unterbewußtseins oder der Insen-

sibilität zu versetzen... Das heißt: Wir sind hier, um euch zu befreien. Nicht, um euch anzumachen. Die Art Planet, die ihr sucht, ist ein geistiger Planet. Macht euch selbst an.

Und ihr werdet euch verirren, wenn ihr zu einer chemischen und/oder landwirtschaftlichen Abkürzung Vertrauen habt, die das an eurer Stelle tun soll. Man kann euch nicht wegen »Bewußtsein« festnehmen. Bewahrt eure aristokratische Kälte.[4]

Janis Joplins Auftritt beim Woodstockfestival war nach Aussage von Myra Friedman »mittelmäßig«. Wenn man die beiden Langspielplatten Woodstock, Music From The Original Soundtrack And More und Woodstock Two (insgesamt zehn Plattenseiten) zum Maßstab nimmt, dann gab es tatsächlich bis auf die Auftritte von Jimi Hendrix und der afroamerikanischen Band Sly & The Family Stone, die eine überwältigend ekstatische Soulmusik spielte, musikalisch nicht so sehr viel Außergewöhnliches zu hören. Die äußeren Umstände waren dafür einfach nicht günstig genug.

Wenn sich das Publikum auch einträchtig und friedlich verhielt und den widrigen Umständen trotzte, gab es doch hinter der Bühne erhebliche Spannungen. Es herrschte ein ziemliches Durcheinander in der Organisation, es gab nichts zu essen und zu trinken, und die angestaute Aggressivität entlud sich. Pete Townshend von den Who griff den Yippie-Aktivisten Abbie Hoffman tätlich an, und auch Janis hatte einen häßlichen Zusammenstoß mit dem im Organisationskomitee arbeitenden Journalisten Mike Jahn.

Janis Joplins Auftritt – so jedenfalls die meistverbreitete Version – litt darunter, daß ihre Musiker in keiner guten Verfassung waren und schlecht spielten. Daß dies ein Grund dafür war, auf den Schallplatten und in dem Dokumentarfilm über das Festival auf ihr Konzert zu verzichten, kann man nur vermuten. Im Dokumentarfilm »Janis«, 1975 von F. R. Crawley produziert, tauchte dann doch ein Ausschnitt von ihrem nächtlichen Auftritt in Woodstock auf. Sie sang im Duett mit »Snooky« Flowers. Das Geschehen auf der Bühne macht einen ziemlich desorganisierten Eindruck. Doch ist der Ausschnitt zu kurz, um daraus definitive Schlüsse zu ziehen. (Es gab nämlich auch Gerüchte, daß nicht nur die Band in schwacher Form war, sondern Janis in stark angetrunkenem Zustand ebenfalls keine gute Figur machte.)

Für Sam Andrew war in Woodstock der letzte Auftritt mit der KOZMIC BLUES BAND. Er ging zurück nach San Francisco, um wieder mit BIG BROTHER AND THE HOLDING COMPANY zu spielen. Neuer Gitarrist wurde der Kanadier John Till.

Obwohl die KOZMIC BLUES BAND auf dem Woodstockfestival wohl keinen guten Tag erwischt hatte, war sie doch im Laufe des Jahres besser geworden. Sie spielte kompakter zusammen und machte nicht mehr den Eindruck eines Provisoriums.

Doch Janis wurde dadurch nicht zufriedener. Ihre Probleme verstärkten sich so sehr, daß das Klima im gesamten Unternehmen davon nicht unbeeinflußt blieb. Wenn auch ihre Auftritte nicht direkt darunter litten — Janis nahm unmittelbar vor oder während der Konzerte keine Drogen —, so wirkte das Rauschgift dennoch mittelbar. Ihre Persönlichkeitsstruktur veränderte sich unter dem Einfluß des Heroins. Sie wurde übellaunisch und egoistisch, ihre Vitalität und Unternehmungslust nahmen ab und ihr herrliches Lachen war nicht mehr so ansteckend und fröhlich, es war mit Zynismus und Trauer durchtränkt.

Als Janis in Houston, Texas, ein Konzert gab, kam Philip Carter, ein Freund aus ihren Studientagen, der sie lange nicht gesehen hatte, hinter die Bühne, um sie zu begrüßen. Er hielt es nicht für möglich, daß sie auftreten konnte, weil sie soviel trank. Aber sie konnte — und nach dem Konzert trieb sie es noch weitaus schlimmer. Philip Carter war zutiefst erschüttert und schrieb seiner alten Freundin einen Brief: »Janis, du bist mein Freund, und ich wünschte, du würdest aufhören, meinem Freund wehzutun.«

Wie war es dahin gekommen? Janis hatte es doch schon einmal geschafft, vom Rauschgift zu lassen, als sie im Sommer 1965 nach Port Arthur zurückgekehrt war. Warum hatte sie wieder damit angefangen, obwohl sie doch sehr gut wußte, worauf sie sich da einließ. Den wahnwitzigen Traum, daß man mit Hilfe von Drogen zu mehr Erkenntnis käme oder gar zu einem besseren Menschen würde, hatte sie doch schon lange hinter sich gebracht und war tödlich getroffen aufgewacht.

An diese moralische Untermauerung der Rauschgiftsucht glaubte Janis Joplin nicht, als sie erneut Drogen nahm. Auch die wilden Parolen von Woodstock mußten ihr wie eine große Lüge vorkommen. Sie nannte das »Hippie-Gehirnwäsche« und bezeichnete die Leute, die so etwas propagierten, als »Schwindler«. Was war es dann? War ihr Kummer wirklich so groß und unerträglich geworden, daß sie diese Schmerzkiller, die mehr und mehr zu eigentlichen Killern werden (Janis wußte auch das sehr wohl!), dringend brauchte?

Gewiß gab es eine Verkettung von Motiven, innere und äußere Zwänge durchdrangen einander und verschlangen sich zu einem Motivationsknäuel. Hinzu kam eine gewisse Selbstüberschätzung, die trotz allen Wissens um die Gefahren diese doch letztendlich gering achteten. Als sie erfuhr, daß ein bekannter Schauspieler an einer Überdosis gestorben war, sagte sie zu einer Freundin: »Einige Leute sterben, und einige überleben. Ich bin jemand, der überlebt.«

Daß sie kurze Zeit nach ihrem großen Erfolg beim Montereyfestival damit begonnen hatte, sich ausgerechnet Heroin zu spritzen, war kaum ein Zufall. Ihre Erfahrungen mit Amphetaminen (Speed) hatten sie in solche Panik versetzt, daß sie damit auf gar keinen Fall mehr etwas zu tun haben wollte. Heroin hatte eine andere Wirkung und galt als Gefühlsdämpfer.

Die ständige Angst, die sie auf ihrem Weg als Superstar begleitete, war gewiß einer der Gründe, die sie zur Spritze trieben. Sie konnte mit dem Ruhm, dessen sie sich nie ganz sicher war und vor dem sie sich auch fürchtete, nicht umgehen. Auf eine sehr verquere Art und Weise betrachtete sie diesen Ruhm als eine tödliche Bedrohung, gleichzeitig sonnte sie sich aber in ihm. Und gerade wenn irgend etwas erreicht war, das sie sich sehr gewünscht hatte, wurde sie unzufrieden und depressiv.

Dazu kam das aufreibende Leben, das sie als Rock'n'Roll-Star zu führen gezwungen war. Das beständige Unterwegssein, das ewige Hin- und Herhetzen zwischen immer gleich aussehenden Konzertsälen, Hotelzimmern, Flughäfen, Plattenstudios und Bars stumpfte sie ab und verursachte in ihr eine gähnende Langeweile, die nur durch die Auftritte auf der Bühne und den Kontakt mit dem frenetisch jubelnden Publikum unterbrochen

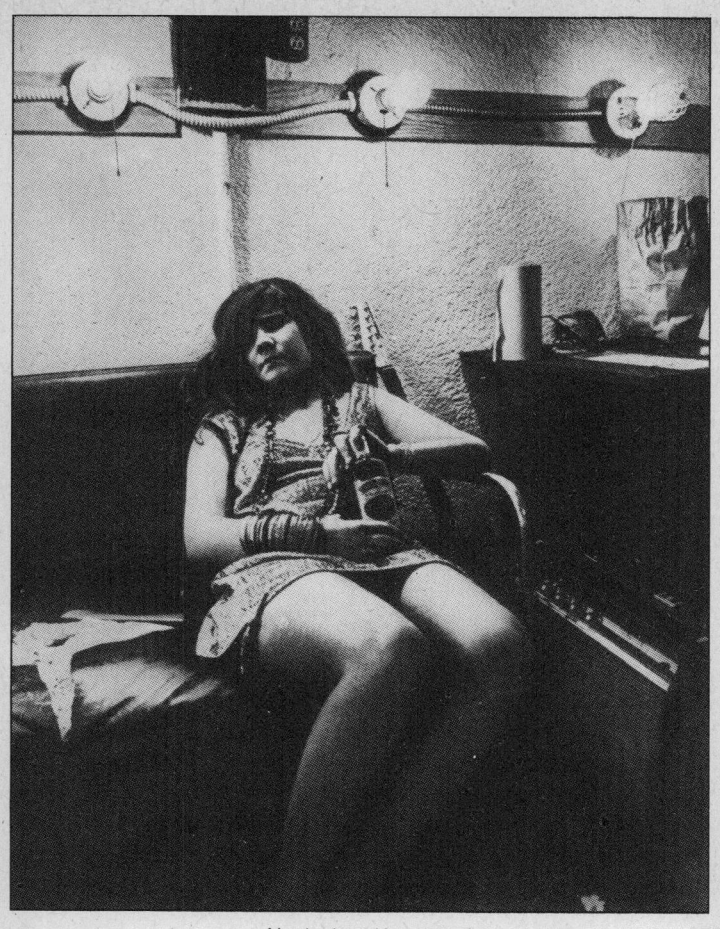
Nach dem Konzert

wurde. Heroin »half« gegen die Langeweile, weil es jede Empfindung abtötete.

William Bourroghs, amerikanischer Schriftsteller und jahrelang selbst heroinsüchtig, schrieb in seinem Buch »Naked Lunch« über die Wirkung von Morphium (Heroin ist ein aus Morphium hergestelltes Opiat) auf den menschlichen Körper: *Der Organismus reagiert auf Schmerz nicht mehr mit Verkramp-*

fung und auf angenehme Empfindungen nicht mehr mit Entspannung. Er paßt sich einem Morphium-Zyklus an. Der Süchtige ist immun gegen Langeweile. Er kann stundenlang seinen Schuh anstarren oder einfach im Bett liegen. Er braucht kein sexuelles Ventil, keine Freundschaften, keine Arbeit, keine Ablenkung, keine Bewegung. Er braucht nichts als Morphium.[5]

Es gibt zwei Kategorien von Heroinsüchtigen. Die meisten von ihnen sind apathisch und leblos, sie machen einen total abgestumpften Eindruck. Die andere Kategorie – zu der Janis Joplin zweifellos zählte – sind Süchtige, die voller wirbelnder Aktivität sind. Sie können diesen manischen Zustand sehr lange aufrechterhalten, aber irgendwann erreichen sie einen Punkt, an dem der Körper das viele Gift, das in ihn hineingespritzt wurde, nicht mehr verkraften kann und die Aktivität wie etwas Fremdartiges von ihm abfällt und vollständige Dumpfheit und Bewegungsunlust den Süchtigen niederhält.

Als Janis Joplin am 9. Dezember 1969 zu Dr. Ed Rothschild in die Sprechstunde kam – Albert Grossman hatte sie dazu überredet und ihr diesen Termin besorgt –, war sie noch nicht in jenem lethargischen Zustand. Mit außerordentlicher Geschicklichkeit und viel raffinierter Intelligenz versuchte sie, ihre eigene Angst zu verbergen und den Arzt zu täuschen. Sie trat bei Dr. Rothschild mit einem auffälligen Gebaren auf, war theatralisch, provozierend und prahlerisch. Dr. Rothschild, ein Endokrinologe, der viel Erfahrungen mit Drogensüchtigen hatte, erhielt folgenden ersten Eindruck von Janis:

Ich glaube nicht, daß sie in dieser ersten Zeit wirklich bereit war, von den Drogen wegzukommen. Es war mehr so: »Ich kann das tun. Das ist die beste Sache der Welt. Ich kann überhaupt nicht verstehen, warum jedermann nur dagegen ist.« Sie ließ es angezeigt erscheinen mitzuteilen, daß andere Leute gewünscht hätten, daß sie hierher käme, und daß sie widerstrebend hier war. Aber sie war hier, und dann kam sie wieder.[6]

Im Laufe der Sitzungen lernte Dr. Rothschild eine wirklich erstaunliche Frau kennen. Sicherlich war Janis eine Heroinsüchtige, aber sie hatte sich trotzdem verblüffend gut im Griff. Zum Teil lag das daran, daß sie – wie von vielen ihrer Freunde versichert wurde – eine außergewöhnliche Willenskraft besaß und hart gegen das Gift zu kämpfen verstand. Hilfreich dabei war ihr, daß sie während ihrer Tourneen den Heroinkonsum einschränken mußte, was zum Teil daran lag, daß die Versorgung mit dem Stoff sehr unregelmäßig wurde, andererseits wollte sie aber auch nicht, daß die Konzerte unter ihrem Drogenkonsum litten.

Janis Joplin war (noch!) anders als ihre süchtigen Freunde, weniger heruntergekommen und haltlos. Eine ihrer besten Freundinnen aus der Big-Brother-Phase, Nancy Gurley, war 1969 an einer Überdosis gestorben. Es war nur eine Frage der Zeit, wann auch Janis dahin kommen würde — es sei denn, sie schaffte es, vom Heroin zu lassen.

Ed Rothschild führte mit ihr einen verbissenen Kampf, doch die Verteidigungslinie seiner Patientin schien in der ersten Zeit der Behandlung fast unerschütterlich. Sie arbeitete mit allen Tricks und vollführte die raffiniertesten Ablenkungsmanöver. Der Arzt versuchte eine gemeinsame Basis zu finden, auf der eine Verständigung möglich wäre. Janis hatte ein Suchtproblem, und Dr. Rothschild mußte ihr zuallererst klarmachen, daß das *ihr* Problem war und nicht das von Myra Friedman, Linda Gravenites oder all den anderen, die sich um sie sorgten.

Trotz aller Schwierigkeiten, die ihre Behandlung machte, war Dr. Rothschild von Janis Joplin beeindruckt: »Intellektuell war sie nahezu genial. Sie konnte die meisten Menschen gedanklich einkreisen.« Aber der Arzt erkannte auch, daß in ihrer Persönlichkeit die Gewichte ungleich verteilt waren und daß dieses Mißverhältnis für ihre Mitmenschen und auch für sie selbst außerordentlich verwirrend war: »Eines ihrer Probleme bestand darin, daß sie intellektuell auf einem so hohen Niveau stand, aber ihre Gefühle kindlich und unkontrollierbar waren.«

Dr. Rothschild war über bestimmte Aspekte ihres Gefühlslebens erschrocken. Janis ging damit auf die denkbar schlechteste Weise um:

Sie segelte herein und machte eine richtige Show daraus: »Wow! Phantastisch!« Sie hatte mit jemandem gebumst, das war ein Pattern von ihr, und sie würde mir wieder und wieder erzählen, daß sie es von Zeit zu Zeit mit den verschiedensten Typen treibt. Und ich dachte nicht, daß es phantastisch wäre, und als ein menschliches Wesen sorgte ich mich darüber, daß jemand auf diese Art und Weise mit seiner Privatsphäre protzt. Ich bekam das Gefühl, daß Sex für sie ebenfalls unkontrollierbar war.[7]

I Need A Man For Love

Janis hatte zwar ihre Musik – die Formel lautete Rock'n'Roll-Sex –, und die Befriedigung, die sie durch ihre Konzerte erlangte, war nicht gering. (Auch ihr Publikum profitierte eine Menge davon.) Aber Janis wollte mehr. Doch wenn sie ihre Wünsche formulierte, verstrickte sie sich in Widersprüche:

Sie sagte zwar mit Bedauern und Trauer, daß sie mit Tausenden von Leuten während ihrer Konzerte Liebe machte, aber dann allein nach Hause gehen müsse. Sie behauptete, daß das, was sie auf der Bühne erlebe, niemals von einem Mann zu bekommen sei. Und doch war sie immer auf der Suche nach einem »guten« Mann und sehnte sich nach einem gemütlichen Heim. Sie wünschte sich einen treuen Ehemann, der nur für sie da wäre und auf den sie schmachtend warten könnte, bis er von der Arbeit nach Hause käme. (Mit solchen Geschichten provozierte sie bei ihren Freunden geradezu gewaltige Heiterkeitsausbrüche.) Aber die Typen, die sie zumeist auflas, waren *pretty young boys.* Und wenn sich doch mal jemand für sie interessierte, der kein kleiner Junge mit einem Drogen-, Alkohol- oder Geldproblem, sondern ein gestandener Mann war, der sich von einer »reichen Lady« wie Janis Joplin nie abhängig machen würde, dann konnte oder wollte sie diesen Mann nicht halten.

Aber oft hatten Menschen aus ihrer näheren Umgebung den Verdacht, daß Janis einen solchen Mann gar nicht gebrauchen könne. Wenn einer auf Nimmerwiedersehen verschwunden war, beklagte sie sich selbstzerfleischend über den Verlust. Mitunter schien es so, daß sie sich an ihrem Kummer weidete.

Wenn Janis ganz unten war, jammerte sie, daß die einzigen Freunde, die sie hätte, die Junkies wären. Das war ihren wirklichen Freunden gegenüber sehr ungerecht und verletzte sie tief, denn Janis wußte nur zu gut, daß diese heruntergekommenen Süchtigen nur Abstauber waren.

Janis Joplin hatte offensichtlich auch homosexuelle Neigungen. Ihre ersten Erfahrungen mit lesbischen Freundinnen hatte sie an der Universität von Texas in Austin gemacht. Im Laufe ihrer Karriere hatte sie hin und wieder sexuelle Beziehungen zu Frauen, obgleich ihre Bindungen an Männer immer dominierender wurden und der Begriff Heirat für sie stets eine magische Anziehungskraft besaß.

Erst in ihrem letzten Jahr ließ Janis auf der Bühne hin und wieder ein Wort über ihre Bisexualität verlauten. Dagegen übertrieb sie in einer Art von Kompensation ihre sexuellen Abenteuer mit einer Heerschar von *pretty young boys* maßlos. »Sie mochte es«, sagte Dave Getz von BIG BROTHERS, »das Image zu verbreiten, daß sie immer mit jemandem bumst, aber in Wirklichkeit war die Zahl der Leute, mit denen sie es wirklich trieb, viel kleiner, vielleicht ein Drittel!«

Es gab Zeiten, in denen Janis Joplins sexuelle Aktivitäten maßlos waren und sie sich mit aller ihr zur Verfügung stehenden Vulgarität (und das war nicht wenig) Kerle (und Mädchen) angelte. Aber es gab auch Zeiten relativer Ruhe, und wenn sie einen Freund hatte, der mehr als nur ein Eine-Nacht-Abenteuer war, konnte sie treu und anhänglich sein.

Aber die Männer blieben nie lange, Janis überschüttete sie förmlich mit Gefühl, und keiner sah sich dieser Sturzflut gewachsen. Janis brachte es fertig, jemandem, mit dem sie seit drei, vier Wochen zusammen war, zu sagen, daß sie einsam sei. Und diese Einsamkeit, die sie als absolut wirklich empfand, mochte auch noch so viel Trubel um sie herum sein, jagte allen Männern Angst ein.

Es war die Einsamkeit, die Janis so stark bedrängte, daß sie sich unfähig wähnte, irgend etwas dagegen zu tun, ... außer sich Heroin zu spritzen.

Im Frühjahr 1970 kam es in Janis Joplins Haus in Larkspur bei San Francisco zu einem folgenschweren Ereignis. Ihre langjährige Freundin Linda Gravenites, die in London ja schon einmal mit ihr gebrochen hatte, hielt es nicht mehr aus, sie im Strudel des Rauschgiftes untergehen zu sehen. Linda sagte in einem Telefongespräch zu Myra Friedman: »Es ist das Heroin, aber wiederum ist es auch nicht das Heroin. Sie hat sich verändert. Ich kenne sie nicht mehr wieder. Wenn sie damit nicht aufhört, kann ich nicht bleiben!«

Linda ging aus dem Haus, diesmal verließ sie Janis für immer. Und diesmal verzieh Janis ihr nicht, aber sie war zu Tode erschrocken.

Hysterisch hatte sie Linda angeschrien: »Du denkst, daß ich für den Rest meines Lebens ein Junkie bleibe, nicht wahr?« Linda hatte diese Frage mit Ja beantwortet und das Haus verlassen.

Daß ihre Freundin nicht mehr da war, nie mehr da sein würde, war für Janis eine schreckliche Aussicht. Linda Gravenites war ein Mensch — vielleicht der einzige in ihrem Leben —, zu dem Janis uneingeschränktes Vertrauen hatte. Wegen des Heroins hatte sie Linda verloren. Janis entschloß sich zu entziehen, und sie schaffte es.

Doch sie tat es nicht um ihrer selbst willen, sondern sie brachte dieses Opfer, um den Verlust von Linda zu kompensieren. Das mag eine unlogische Rechnung sein, aber für Janis schien das aufzugehen. Oder war es vielleicht doch nur eine kindliche Trotzreaktion? Als Linda das Haus verließ, schrie Janis ihr nach: »Du hast nicht recht, ich habe recht. Ich bin kein Junkie mehr, und nie wieder werde ich ein Junkie sein.«

Wirklich, Janis?

PEARL — EIN LETZTER SONG
ZUM ABSCHIED

Ihr letztes Konzert mit der Kozmic Blues Band gab Janis Joplin am 27. 12. 1969 im Madison Square Garden in New York. Die Zeit davor hatte es jede Menge Schwierigkeiten und Verdruß gegeben. Der Roadmanager der Band, der Ex-Harvard-Student John Cooke, ein intelligenter junger Mann, der die schwierig zu behandelnde Musikermannschaft mit viel Cleverness und Durchsetzungsvermögen von Konzert zu Konzert geführt hatte, hatte gekündigt. (Im Frühjahr 1970 kam er auf Drängen von Janis und Myra Friedman wieder zurück.)

Jim Crowley, der neue Mann, der zwar sehr nett und umgänglich war, schaffte es nicht, Janis im Zaum zu halten und sie in Zuständen wilder Aufgeregtheit zu beruhigen. John Cooke hatte einen unschätzbaren Vorteil: Er war der einzige in Janis Joplins Umgebung, der lauter schreien konnte als sie. Wenn Jim Crowley auch diese Fähigkeit besessen hätte (und den Mut, sie einzusetzen), wäre vermutlich mancher Ärger ausgeblieben.

Die Konzerte arteten immer mehr zu einem Kampf zwischen der Polizei und Janis aus. Ihr Bestreben war es, das Publikum von seinen Sitzen zu holen und zum Tanzen zu bringen. Nur wenn ihr das gelang, sah sie ihren Auftritt als gelungen an. Doch wenn die Zuhörer »wie tote Fische auf ihren Stühlen hockten«, empfand sie das Konzert als persönliche Niederlage. Am 16. 11. 1969 in der Curtis-Hicon-Hall von Tampa, Florida, passierte es dann. Während sie *Summertime* sang, kam ein Polizist auf die Bühne und versuchte das Publikum vermittels eines Nebelhorns auf seinen Platz zu verweisen. Janis wurde begreifli-

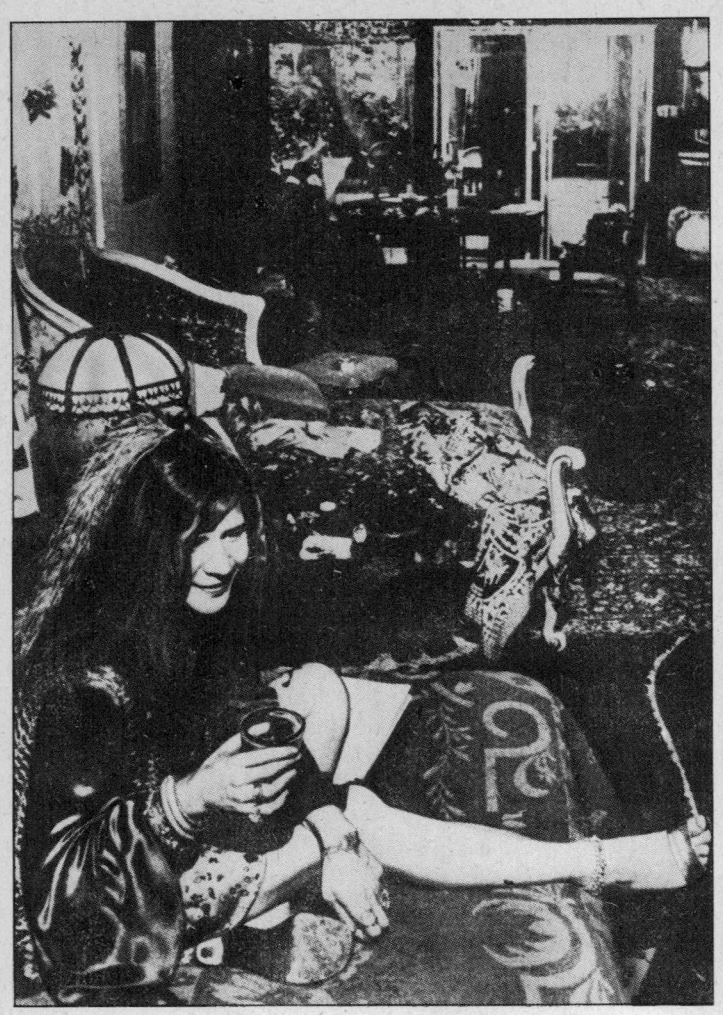

In ihrem Haus in Larkspur, 1970

cherweise sehr wütend und ließ eine ihrer üblichen Schimpfka-
nonaden los, ohne daß der neue Roadmanager Jim Crowley sie
zurückgehalten hätte. Sie wurde von einem Gericht in Tampa
wegen »Profanität« – sie hatte auf der Bühne vulgäre Worte be-

nutzt — angeklagt und zu einer Geldstrafe von 200 Dollar verurteilt.

Unmittelbar hatte dieser Vorfall keinen Einfluß auf ihre Karriere, aber es deutete sich schon an, daß die Konzertveranstalter ängstlicher werden und etwas länger nachdenken würden, ob sie Janis Joplin verpflichten sollten. Da sie jedoch erst einmal eine größere Ruhepause einlegte, machte sich das noch nicht bemerkbar.

Im Dezember 1969 zog Janis in ein eigenes Haus. Dies war immer einer ihrer größten Wünsche gewesen. Der Bungalow stand in der Nähe von San Francisco, in dem kleinen Ort Larkspur. Das war eine vornehme Wohngegend, ihre Nachbarn gehörten alle zur oberen Mittelklasse. Janis richtete sich ihr neues Heim sehr geschmackvoll und gediegen ein. Das war nun wirklich ein Platz zum Wohlfühlen und Ausruhen. Aber es war langweilig! Wenn auch diese Langeweile von anderer Art war als während des kräftezehrenden Tourneelebens.

Im Februar flog Janis nach Brasilien, um in Rio de Janeiro den berühmten Karneval mitzuerleben. Es war ein längerer Aufenthalt geplant, weil sie dort auch »von den Drogen loskommen und trocken werden wollte«.

In Brasilien lernte sie einen jungen Mann kennen, der sich gerade auf einer Weltreise befand. Er hieß David Niehaus, und Janis bezeichnete ihn als »Bär von einem Beatnik«. Sie rief Myra Friedman in New York an und sagte, daß »sie mit ihrer neuen, großen Liebe in den Dschungel gehen« wolle, und das könne dauern.

Tatsächlich machten die Jungverliebten — die brasilianische Presse blieb ihnen allerdings immer auf der Spur — nur einen Abstecher mit dem Flugzeug nach Saõ Salvador, in die für ihren afrobrasilianischen Candomblékult bekannte Stadt im Norden Brasiliens.

Am 28. März war Janis plötzlich wieder in den USA, erschien im Columbia Plattenstudio in Hollywood und nahm mit der PAUL BUTTERFIELD BLUESBAND den Song *One Night Stand* auf.

Janis setzte ihr wildes und hektisches Leben wie ehedem fort. Der Urlaub hatte nichts geändert. David Niehaus, der ihr nach

Kalifornien gefolgt war, mußte einsehen, daß er diese Frau nicht halten konnte. So plötzlich, wie er im Leben der Rock'n'Roll-Sängerin Janis Joplin aufgetaucht war, verschwand er auch wieder.

Boogie mit voller Kraft

Im April begannen die Proben mit einer neuformierten Band. Ihr erstes offizielles Konzert fand am 12. Juni 1970 in der Freedom Hall in Louisville, Kentucky, statt.

Von der KOZMIC BLUES BAND waren zwei Musiker übriggeblieben – der Gitarrist John Till und der Bassist Brad Campbell. Die neuen Musiker hießen Clark Pierson (dr), Ken Pearson (org) und Rick Bell (p). Der Name der Band war FULL TILT BOOGIE.

Außer dem Schlagzeuger Clark Pierson, der in einer Bar in San Francisco Striptease-Tänzerinnen begleitet hatte und dort von Janis und Albert Grossman ausfindig gemacht worden war, waren alle anderen Mitglieder der Band Kanadier. John Till und Richard Bell hatten in der Band des »berühmt-berüchtigten« Ronnie Hawkins gespielt. Dieser Hawkins war ein recht durchschnittlicher Rockabillysänger aus Arkansas, der in den späten fünfziger Jahren nach Kanada gegangen war und sich dort als König des Rock'n'Roll aufspielte. Er hatte die besondere Fähigkeit, sich seine Begleitgruppen immer aus jungen und ganz ausgezeichneten Musikern zusammenzustellen. (So war die berühmte Gruppe THE BAND aus seinen HAWKS hervorgegangen.) Von John Till war Janis besonders angetan. Einen solch fingerfertigen Gitarristen, der Melodie und Rhythmus in einem spielen konnte, hatte sie noch nie gehabt. Sie war stolz auf John Till und schwärmte überall von ihm.

Ken Pearson hatte in verschiedenen kleinen Jazz- und Rockgruppen Orgel und Klavier gespielt, bis er in die Gruppe von Jesse Winchester einstieg. Jesse Winchester, der aus Louisiana stammte und an der Universität in München Germanistik und Philosophie studiert hatte, war 1967 nach Kanada gegangen, um sich der Einberufung in die US-Army zu entziehen. Als im Februar 1970 gemeinsame Konzerte mit THE BAND geplant waren, glaubte er, daß es günstiger sei, sich nur von einem Bassisten begleiten zu lassen, und entließ aus diesem Grund die beiden

FULL TILT BOOGIE

anderen Musiker seines Quartetts. Ken Pearson wurde also genau zum richtigen Zeitpunkt frei, um in Janis Joplins neue Gruppe einzusteigen.

Über die Art und Weise, wie sich die fünf Musiker zu einer Band formierten, die nicht nur gut zusammenspielte, sondern auch ein für Janis so wichtiges Gemeinschaftsgefühl erzeugte, sagte Ken Pearson:

Eigentlich sind wir wie Studiomusiker, die nur für eine Session zusammengekommen sind. Es ist nicht so, daß wir vorher drei

Jahre lang in einer Garage zusammengespielt hätten. Wir sind noch dabei, herauszufinden, welche Art von Musik wir mögen. Ich werde rüber in John Tills Zimmer gehen, er wird mir etwas vorspielen und ich werde sagen: »Du meinst, daß dir das gefällt?« Weißt du, wir sind nur eine Gruppe von Musikern mit den unterschiedlichsten musikalischen Vorstellungen, die irgendwie zusammengewürfelt wurde, aber langsam zu einer Familie wird.[1]

Und sie wuchsen tatsächlich zusammen und wurden zu einer verschworenen Gemeinschaft. Es war wie eine Zweitauflage von BIG BROTHER AND THE HOLDING COMPANY, nur daß es jetzt auch mit der Musik stimmte. Janis war überglücklich mit ihrer neuen Gruppe und jubelte:

Diese Band ist solide. Ihr Sound ist so stark, daß man sich an ihn anlehnen kann… Ich kann diesen Jungs sagen, was sie tun sollen, und sie werden es tun! Das ist meine Band. Endlich habe ich meine Band![2]

Aber nicht nur Janis war zufrieden mit FULL TILT BOOGIE, auch alle anderen Leute aus ihrer Umgebung waren von der neuen Gruppe begeistert. Und als sie die ersten öffentlichen Auftritte hinter sich gebracht hatten, wurden Janis Joplin und die FULL TILT BOOGIE BAND enthusiastisch gefeiert.

Auch die Rockzeitschrift »Rolling Stone«, die mit der KOZMIC BLUES BAND nicht gerade sanft umgegangen war und mit der sich Janis in »Fehde« befand, stimmte in die allgemeine Begeisterung ein und veröffentlichte eine enthusiastische Beschreibung des aufregenden Debütkonzertes in der Freedom Hall von Louisville:

Als sie in ihre letzte Nummer Piece Of My Heart ging, wurde aus Sicherheitsgründen das gesamte Saallicht angeschaltet, in der Hoffnung, daß sich jedermann wieder beruhigen würde, aber das hatte gerade einen gegenteiligen Effekt. Die Kids sahen, daß jeder aufgestanden war, auf und ab tanzte und schrie. Das machte sie nur noch wilder, und schließlich schwärmte das ganze Auditorium aus in Richtung Bühne wie ein Bienenschwarm.

In dieser konservativen Südstaatenstadt war es so, als ob Janis für sie eine Vision vom Garten Eden hat aufleuchten lassen. Und sie wollten, daß es nicht aufhört. Sie waren Janis dankbar dafür, daß sie sie anderswohin mitgenommen hat, und sie zeigten das. Janis war erschöpft, aber befriedigt: Der Zauber hatte gewirkt.[3]

Let Me Go Home Whisky

Daß es mit FULL TILT BOOGIE so gut lief, sowohl musikalisch als auch menschlich, hatte mehrere Gründe. Zum einen hatte man sich sehr viel Zeit gelassen für Proben und fürs Kennenlernen. Janis und die Band wuchsen in dieser Zeit tatsächlich zu einer Gemeinschaft zusammen. Und der zweite Grund – sie rührte die Spritze nicht mehr an.

Allerdings erhöhte sich ihr Alkoholkonsum immens. Und das war schlimm genug. Doch da in ihrer Umgebung mehr oder weniger alle tranken – Frank Zappa bezeichnete den Alkohol als die Nationaldroge Nr. 1 – und das legal ist, wurde Janis Joplins *drinking problem* sehr leichtgenommen und toleriert. Als Beispiel für diese Einstellung mag eine Äußerung von John Cooke stehen, der selbst ein »sehr guter Zecher« war und die Lage völlig verkannte:

Ich stimme damit nicht überein, daß ihr Trinken eine ernste Sache war. Nein, überhaupt nicht. Sie besaß einen außergewöhnlichen Stoffwechsel…

Ich denke, daß Leute, denen das Trinken Spaß macht, es tun sollten. Den meisten Leuten, die Alkoholiker sind, macht es nämlich keinen Spaß.[4]

Jim Morrison, Sänger der Rockgruppe THE DOORS, ging einen ähnlichen Weg wie Janis. Er hatte auch mit Drogen experimentiert, war dann abhängig geworden, machte einen Entzug und landete schließlich beim Alkohol. Er starb im Juli 1970 unter mysteriösen Umständen in Paris. Vermutlich hatte eine Mischung aus Alkohol und Drogen zum Herzstillstand geführt. Er war 27 Jahre alt.

Jim Morrison redete über Suchtprobleme in ähnlicher Weise wie Janis. Es klang zwar alles sehr gescheit, aber es war ein bißchen zu selbstgefällig, so als ob die wirklich schlimmen Sachen immer nur den anderen passieren:

Die Leute trinken, ich weiß das, weil es ihnen langweilig ist. Aber mir macht das Trinken Spaß. Es lockert auf und manchmal beflü-

gelt's die Unterhaltung, und irgendwie ist es, ich weiß nicht recht, wie ein Glücksspiel. Verstehst du? Du gehst abends weg zum Saufen und hast keinen Schimmer, wo du am nächsten Morgen landen wirst. Es kann gut gehen und es kann 'ne Katastrophe werden. Es ist wie ein Würfelspiel. Jedermann raucht Marihuana. Vermutlich hält man's gar nicht mehr für eine Droge. Aber vor drei Jahren gab's da diese Welle mit den Halluziogenen. Ich glaube, niemand ist stark genug, diesen Trips ewig zu widerstehen. Dann kommt man an die Narkotika, ich rechne Alkohol dazu. Statt mehr denken zu wollen, versucht man, die Gedanken zu betäuben — mit Alkohol, Heroin, Tranquilizer. Es sind Schmerzkiller.[5]

Aber es gab auch andere Stimmen — da war nicht die Rede von Schmerzkillern, sondern nur noch von Killern. In einem Gespräch zwischen Myra Friedman und einem Freund kamen beide zu dem Schluß, daß Janis' Trinkgewohnheiten, die im Frühjahr immer exzessiver wurden und kaum noch einen kontrollierten Eindruck hinterließen, ein sehr ernstes, ja tödliches Problem zu werden drohten.

Janis gab die unterschiedlichsten Kommentare zu ihrem immensen Alkoholismus ab. Sie konnte darüber Witze machen, kokettierte mit der Flasche auf der Bühne und spekulierte, »ob ihr die Whiskyfirma Southern Comfort nicht eines Tages gehören würde«.

Aber sie konnte auch ernsthaft darüber reden, und da kamen ihr ganzer Kummer und ihre Hilflosigkeit zum Vorschein. Auf die Frage von David Dalton, aus welchem Grund sie den Blues habe, ob es »der Verlust einer Sache sei, oder ob es das Nichts sei«, antwortete Janis Joplin:

Es ist nicht das Nichts, es ist der Wunsch nach etwas, das dir den Blues gibt. Ich meine, wenn es dir nichts ausmacht, ohne Kleider herumzusitzen, warum solltest du dann nicht glücklich sein wie ein Haubentaucher. Aber wenn du angezogen sein und ganz toll aussehen möchtest, dann hast du den Blues. Wenn es dir nichts ausmacht, jeden Abend in deiner Wohnung zu sitzen und fernzusehen, wirst du dich nicht einsam fühlen. Aber wenn du mit jemandem zusammen sein willst und ihn berühren möchtest und mit jemandem reden möchtest und ihn festhalten und für jemanden kochen möchtest, dann bist du einsam. Es ist nicht, was nicht ist. Es ist, was du dir wünschst, was dich unglücklich sein läßt. Das Loch, das Vakuum. Ich glaube, ich denke zu viel. Darum trinke ich.[6]

Aber Janis Joplins exzessives Trinken hatte erstaunlicherweise kaum negative Auswirkungen auf ihre Musik. Ihre Auftritte blieben das, was sie für das Publikum, wenn es mitging und sich von der Musik »einfangen« ließ, immer gewesen sind: ein befreiendes und befriedigendes Erlebnis.

Doch sie selbst verlor mitunter die Erinnerung daran. Besonders schlimm war es bei einem nichtöffentlichen Konzert im April 1970. Es war als eine Art Bühnenprobe für die neue Band gedacht. Die Leute von der Schallplattenfirma und vom Management waren dabei, als Publikum fungierten die HELL'S ANGELS. Janis hatte um der alten Freundschaft willen dieses Konzert für die ANGELS arrangiert, aber es kam zu einigen häßlichen Szenen mit den sich aggressiv gebärdenden Motorradrockern. Janis trank mehr als sonst, dennoch absolvierte sie ihren Auftritt mit Bravour. Nach dem Konzert mußte sie allerdings von ihren Musikern in total betrunkenem Zustand zum Auto geführt werden. Tags darauf rief sie in New York Myra Friedman an und gab ihr folgenden Bericht:

Ich weiß nicht, was los ist. Ich habe soviel getrunken, und ich hatte diesen Streit, und es war schrecklich. Ich mag die ANGELS nicht. Ich mag sie nicht. Ich kann mich an nichts mehr erinnern. Ich kann mich nicht erinnern, wie die Band spielte. Ich kann mich nicht erinnern, wie ich sang. Ich weiß nicht, was mit mir geschah.[7]

Noch am gleichen Tag ging sie zu Michael Pollard, einem mit ihr befreundeten Schauspieler und Regisseur, um herauszufinden, was auf der Bühne geschehen war und wie sie eigentlich gesungen habe:

Sie setzte sich auf den Rand des Bettes, und sie fragte mich, ob sie denn gut gewesen sei, sie könne sich nicht erinnern, wie sie gesungen hätte. Ich sagte ihr: »Hej, du warst gut.« Dann legte sie sich aufs Bett und begann zu weinen.[8]

Janis Joplin ging im Juni zum Arzt, um sich wegen ihrer Alkoholkrankheit behandeln zu lassen. Dr. Perkins erzählte ihr von einem fünfundsechzigjährigen Mann mit ähnlichen Symptomen wie den ihren, sie sei aber erst siebenundzwanzig. Und dann sagte er ihr: »Wenn Sie es geschafft haben, vom Heroin herunterzukommen, dann könnten Sie auch davon runterkommen, aber Sie müssen es wirklich wollen.«

Mystery Train

Das größte Erlebnis im Sommer 1970 war für Janis Joplin der Festival Express, der fünf Tage lang vom 29. Juni bis zum 3. Juli quer durch Kanada von Toronto nach Calgary fuhr. Am Ausgangs- und Zielort gab es jeweils Konzerte, und außerdem wurde in Winnipeg (Konzert-)Station gemacht. Neben Janis und FULL TILT BOOGIE waren im Zug mit dabei: THE GRATEFUL DEAD, DELANEY AND BONNIE AND FRIENDS, die Bluesband von Buddy Guy, IAN AND SYLVIA AND THE GREAT SPECKLED BIRD, Eric Anderson, Tom Rush, MOUNTAIN, JAMES AND THE GOOD BROTHERS, THE NEW RIDERS OF THE PURPLE SAGE, Robert Carlebois, MASH-MAKHAN und der Bassist Rick Danko von THE BAND.

Die Musiker, die sich sonst höchstens flüchtig in der Garderobe vor ihren Auftritten trafen, kamen sich während dieser Fahrt sehr nahe, und es gab Begegnungen von »außergewöhnlicher Schönheit«. Man musizierte gemeinsam, man unterhielt sich, man trank und man liebte sich. Und Janis fand sogar Zeit und Muße, in ihrem Lieblingsbuch »Schau heimwärts, Engel« von Thomas Wolfe zu lesen.

Alle Berichte über diese Reise klangen euphorisch und begeistert. »Diese Zugfahrt war kein Traum«, sagte der Organist der GRATEFUL DEAD Ed Pigpen, »es war überwältigend real. Ich bin noch immer im Zug, ich brauch nur den Schalter anzustellen, das Schwungrad bewegt sich, und der Zug bewegt sich.«

Janis empfand die Zeit im Festival Express als die beste Sache, die ihr seit ihrer Kindheit passiert war. Es kamen verrückte Ideen auf – so wollte man den Zug nach San Francisco umleiten. Jerry Garcia von den GRATEFUL DEAD machte den Vorschlag, den Zug zu besetzen und nie wieder auszusteigen.

Dabei war der Beginn der Fahrt gar nicht so verheißungsvoll gewesen. Die Aussicht, fünf Tage lang ununterbrochen mit 130 anderen ausgeflippten Typen zusammenzusein, ohne seiner eigenen Wege gehen zu können, erschreckte so manchen Musiker. Gähnende Langeweile würde sich einstellen (der Organist Steve Knight beklagte zum Beispiel, daß er sein Monopoly-Spiel nicht mitgenommen hatte), oder es würde zu unkontrollierbaren Überreaktionen kommen und man würde sich maßlos besaufen.

Doch als Leslie West und Felix Pappalardi von der Bluesrockband MOUNTAIN ihre Gitarren auspackten und anfingen zu spielen und zu singen, andere Musiker sich hinzugesellten, war klar, daß die Musik die Szenerie beherrschen würde. Ein wundervolles Lied nach dem anderen wurde angestimmt. In anderen Abteilen übten Musiker: Clark Pierson von FULL TILT BOOGIE trainierte schwierige Schlagzeuggriffe, die Saxophonisten nahmen sich die schnellen Bebobstücke von Charlie Parker vor und Jerry Garcia und John Cooke (der Roadmanager) spielten sich auf ihren Gitarren abwechselnd Songs vor. Der einzige im Zug, der sich ein wenig Sorgen machte, war der Barkeeper: »Ich hoffe, es sind keine Opernsänger im Zug. Dieser Typ in Toronto sagte mir, daß es hier eine Menge Lärm geben würde.« Aber Janis konnte ihn beruhigen: »Keine Angst, die WHO sind auf dieser Fahrt nicht dabei.« Der Barkeeper verstand den Scherz nicht, aber Janis' ansteckendes Lachen animierte auch ihn zu einem Heiterkeitsausbruch.

Die vor Freude und Alkohol trunkenen Musiker sangen die Nächte durch, immer neue Lieder wurden angestimmt, oder man fiel in diese endlosen Songs ein, die immer und immer wieder von vorn gesungen werden, als ob deren magische Melodieführung ein Aufhören verhinderte. Mitunter rutschten die Harmonien weg, aber niemandem machte das mehr etwas aus. Die Stimmung war schon jenseits von Gut und Böse, mit den Fingerspitzen hatte man bereits den »Himmel« berührt.

Und dann verlangte Janis nach ihrer Gitarre. Sie spielte einige Takte lang den F-Dur-Akkord in einem tänzelnden Folk-Rhythmus und begann zu singen. Es war Kris Kristoffersons Countrysong *Me and Bobby McGee*. Janis sang dieses Lied mit der ihr eigenen Intensität, Jerry Garcia improvisierte eine wunderschöne Nebenmelodie dazu, und jedermann stimmte in den Refrain ein. *Me and Bobby McGee* war laut Aussage von David Dalton die »Nationalhymne« des Festival Express und wurde mehr als einhundertmal auf der Strecke von Toronto nach Calgary gesungen. Aber hatten sie den Song auch alle richtig verstanden? Wußten sie wirklich, was diese dunklen Worte in *Bobby McGee* bedeuteten: »Freiheit ist nur ein anderes Wort dafür, daß man nichts mehr zu verlieren hat«? Und wußte Janis selbst, was sie da eigentlich für ein Lied sang. War das nicht ein Abschiedslied?

This Is The End, My Friend

So berauschend diese Zugfahrt quer durch Kanada für die beteiligten Musiker auch sein mochte, die Öffentlichkeit nahm den Festival Express kaum wahr. Sowohl von der allgemeinen Resonanz als auch beim Eintrittskartenverkauf war dieses Experiment ein Flop.

Die Zeit des Experimentierens war ohnehin vorbei. Der Schwung, den die Hippies, Yippies und Blumenkinder in den sechziger Jahren in die amerikanische Gesellschaft eingebracht hatten, war ins Stocken geraten, und die gegenkulturellen Aktivitäten verliefen mehr und mehr im Sande.

Aber es kam noch schlimmer: Zwei tatsächlich erschreckende Ereignisse wurden von den bunt schillernden Massenblättern und von den elektronischen Medien derart massiv in Szene gesetzt und nach Gutdünken zurechtmanipuliert, daß die breite Öffentlichkeit sinnlose Gewalt und Aufruhr als die einzige logische Konsequenz aus Hippietum und Flower-Power-Ideologie interpretieren mußte.

Am 6. Dezember 1969 hatte in Altamont in der Nähe von San Francisco ein Konzert der ROLLING STONES stattgefunden, zu dem mehr als 300 000 Zuhörer gekommen waren. Die Organisation war ähnlich schlecht und chaotisch wie in Woodstock, aber diesmal behielt die Solidarität und gegenseitige Rücksichtnahme der Zuhörer nicht die Oberhand. Das Konzert endete in gewalttätigen Auseinandersetzungen, die »einen fundamentalen Mangel an Menschlichkeit« (Rolling Stone) offenbarten. Es gab Tote und viele Verletzte. Der schreckliche Höhepunkt war, daß die HELL'S ANGELS, die für 500 Dollar in Bier als Ordnungsgruppe angeheuert worden waren, friedliche Zuhörer terrorisierten und wahllos mit Billardstöcken auf sie einschlugen und schließlich unmittelbar vor der Bühne den 18jährigen Afroamerikaner Meredith Hunter erstachen. Die ROLLING STONES mußten ihr Konzert zu Ende spielen, obwohl ihnen nicht entgangen sein konnte, was da passiert war.

Das andere Ereignis, welches durch eine sensationslüsterne Berichterstattung den Blick auf die Wirklichkeit verschleiern half, war eine Mordserie, mit der der selbsternannte Hippieführer, LSD-Apostel und Möchtegern-Rockmusiker Charles Manson im Sommer 1969 Los Angeles heimsuchte. Unter anderen wurde die Schauspielerin Sharon Tate, Frau des Regisseurs Roman Polanski, auf bestialische Weise ermordet. Manson und seine »Jüngerinnen« (eine von ihnen versuchte 1974 ein Attentat auf den US-Präsidenten Ford) mischten eine religiös verbrämte Erlöserideologie und anarchistisches Gedankengut mit psychopathologischer Verwirrtheit. Charles Mansons Hippiegebaren war nur ein modischer Deckmantel für seine verbrecherischen Absichten, aber auf raffinierte Art und Weise wurde, als Manson im Sommer 1970 vor Gericht stand, der gesamten Flower-Power-Generation der Prozeß gemacht.

Aufgrund dieser Vorkommnisse (es gab natürlich noch andere mit sinnloser Gewalttätigkeit verbundene Rockfestivals und Konzerte, und es gab brutale Auseinandersetzungen auf den Straßen) und deren einseitiger Interpretation und Schuldzuweisung schlug die Stimmung in den USA um. Die junge, aufrührerische Generation — also vornehmlich Studenten, Vietnamkriegsgegner, Bürgerrechtler, Militärdienstverweigerer und auch die rigorosen Aussteiger —, die man vor wenigen Jahren noch toleriert oder wegen ihres missionarischen Eifers mitleidig belächelt hatte, wurden nun in die Defensive gedrängt und mit System und Raffinement bekämpft.

So wurden auf die unterschiedlichste Weise die Helden der jungen Generation, in erster Linie die berühmten Rockmusiker, vor eine Entscheidung gestellt: Sie hatten entweder nette und freundliche Unterhaltungskünstler zu sein oder sonst gar nichts. Wenn nichts anderes half, steckte man sie ins Gefängnis. So wurde der führende Kopf der Detroiter Rockgruppe Mc FIVE John Sinclair wegen eines geringfügigen Vergehens (er hatte zwei

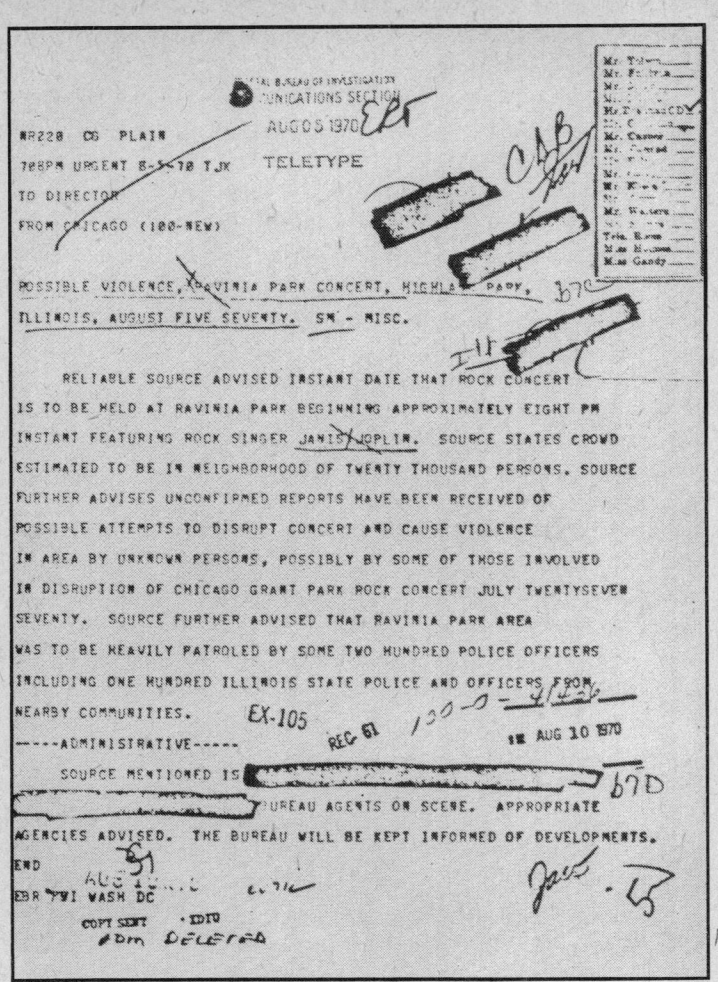

Aus ihrer FBI-Akte, ein Konzert im Ravina Park,
Illinois, betreffend

Marihuanazigaretten verschenkt) zu neuneinhalb Jahren Gefängnis verurteilt. Auch Jim Morrison kam nur knapp an einem Gefängnisaufenthalt vorbei, trat aber auch nicht mehr auf und ging 1971 ohnehin nach Europa, wo er kurze Zeit später verstarb. Andere zogen sich mehr oder weniger freiwillig ins Privatleben zurück. Das bekannteste Beispiel dafür war Bob Dylan, der Anfang der sechziger Jahre einen Hit nach dem anderen für die Bürgerrechtsbewegung geschrieben hatte und dann plötzlich nur noch »in seiner Seele kramte«.

Im Falle von Janis Joplin, über die das FBI eine Akte führte, bedeutete »Kleinbeigeben«, daß sie auf der Bühne Zurückhaltung üben mußte. Die Konzertveranstalter verlangten von ihr, daß sie das Publikum im Zaum hielt und nicht zum Tanzen brachte. Früher hatte sie zum Ärger der Polizei in ihren Konzerten den Zuhörern immer zugerufen: »Ich erlaube euch zu tanzen!«, und darauf kam es im Auditorium zu ausgelassenen Freudenfesten.

Myra Friedman, die über die Konzertpläne bestens Bescheid wußte, sah ein Gespenst auf Janis Joplin zukommen, falls diese sich nicht zügeln könne: den landesweiten Boykott. Es hatte schon einige Konzertabsagen gegeben, andere Konzerte waren schlecht besucht.

Aber Janis schien sich nicht zurückhalten zu wollen. Ja, sie konnte es wohl auch gar nicht. Aus ihr eine Sängerin zu machen, die man nach Las Vegas hätte schicken können, war doch ein Ding der Unmöglichkeit. Ihre Konzerte waren auf den ekstatischen Höhepunkt hin angelegt. Was sollte das denn für ein Auftritt sein, wenn das Publikum, brav auf den Sitzen bleibend, höflich applaudierte?

Konzerte dieser Art empfand sie immer als persönliche Niederlage. Wenn die Leute nicht tanzten und jubelten, wurde sie zornig und wütend. Am 8. August 1970 absolvierte sie ein Konzert vor halbvollem Haus in Port Chester. Das Publikum applaudierte zwar und verlangte sogar eine Zugabe, aber sonst regte sich nicht viel. Niemand tanzte oder schien in guter Stimmung zu sein. Für Janis Joplins Verhältnisse herrschte im Saal eine geradezu tödliche Stille. Sie reagierte derart bösartig, als ob man sie schwer beleidigt hätte. In dem Song *Piece Of My Heart* gab es eine Stelle, wo sie das Publikum immer mit »Kommt, gebt mir ein Stück von eurem Herzen« anheizte. Dieses Mal stieß sie bei diesem Teil des Liedes einen wüsten Fluch aus: »Kommt, was soll ich bloß hier, verdammt noch mal … Geht zur Hölle, ihr Arschlöcher. Wieso reiß ich mir für so was den Hintern auf?« Als sie von der Bühne runterging, sagte sie wütend und voller Zorn: »Mann, ich werde so etwas niemals wieder mitmachen.«

Das letzte Konzert von Janis Joplin und FULL TILT BOOGIE fand am 12. August 1970 im Harvard Stadium in Cambridge, Massachusetts, vor 40 000 Leuten statt. In der Stadt hatte es seit Tagen Studentenunruhen gegeben, die Atmosphäre war äußerst gespannt und nahe an der Revolte. Die örtliche Polizei hatte ein riesiges Aufgebot bereitgestellt. Man war für alles gerüstet — mit Hunden, Schlagstöcken, Wasserwerfern, Tränengas — ja sogar Maschinengewehre waren aufgestellt worden. Ein Großteil des Publikums fühlte sich durch diese bürgerkriegsähnlichen Zustände provoziert. Hinzu kam noch, daß die Veranstaltung zu spät angefangen hatte und sich bis zum Auftritt von Janis Joplin müde hinschleppte. Ein Funken hätte genügt, um das Pulverfaß zu entzünden.

Janis mußte großartig sein, damit sich die aufgebrachten Gemüter wieder beruhigten und sich nicht in einen völlig sinnlosen Kampf stürzten. Und ihr Auftritt war so überragend, daß die Energien des Publikums in eine andere Richtung gelenkt wurden und man friedlich, aber auch befriedigt, nach Hause gehen konnte.

Pearl

Im September gingen Janis Joplin und FULL TILT BOOGIE nach Los Angeles, in das Studio ihrer Plattenfirma Columbia. Ihre Langspielplatte PEARL wurde aufgenommen. Produzent war Paul Rothschild, er und Janis kamen wunderbar miteinander aus. Rothschild machte ihr sogar das Kompliment, daß sie die einzige Frau sei, die er kenne, die das Zeug dazu hätte, Platten zu produzieren.

Man kam mit den Aufnahmen sehr schnell voran, die Musiker spielten exzellent, und Janis war in Hochform. Einzig mit der Auswahl der Songs gab es Probleme, aber schließlich einigte man sich auf eine Mischung aus balladesken und rockorientierten Liedern.

Janis war zufrieden mit den Ergebnissen. Wenn die beiden ersten LPs von Janis Joplin »Freak«-Platten waren, also verrückte, ausgeflippte und nicht einzuordnende Musik enthielten, und das Kozmic-Blues-Album eine Soulplatte, dann tendierte Pearl eindeutig zum Rock.

Zu einem geradezu klassischen Rocktitel ist *Move Over* geworden. Janis hat den Song selbst geschrieben. Bei anderen Stücken, so bei *Trust Me*, komponiert von dem afroamerikanischen Sänger Bobby Womack, *Cry Baby* und *A Woman Left Lonely*, ist jedoch eine gewisse stilistische Uneinheitlichkeit festzustellen. Das »soulige« Material sperrt sich ein bißchen gegen die rockig losgehende Spielweise von Full Tilt Boogie. Aber Janis fügt wieder einmal mit ihrem Gesang die Gegensätze zueinander und erzwingt eine stilbildende Interpretation.

Die beiden bemerkenswertesten Songs der Platte zeigen jedoch die Sängerin von einer ungewöhnlichen Seite. *Me and Bobby McGee* (Autoren Kris Kristofferson und Fred Foster) ist ein Country-and-Western-Song, den Janis in diesem musikalischen Idiom beläßt. Sie interpretiert das Lied schnörkellos und ohne größere emotionale Ausbrüche, obwohl sie gegen Ende hin doch in eine gewisse Hektik gerät. Es ist vorstellbar, daß sie live ihre Ungezügeltheit und Aufgeregtheit noch forcierte und somit einen hundertprozentigen Joplin-Song daraus machte. In der Schallplattenversion blieb sie auf halbem Wege stehen. So erscheint das Lied untypisch für sie, sowohl von der Vortragsweise als auch vom Inhalt her. Der Text sprach, wie Ellen Willis es formulierte, »von getroffenen, bedauerten und überstandenen Entscheidungen mit der eindeutigen Implikation, daß der Kompromiß eine positive Handlung sein kann«. Für Janis, die immer versucht hat, kompromißlos zu leben, ist das »reinste Ketzerei« (Willis), und es ist fatalistisch in einem Sinn, wie es bei ihr bis dahin nicht üblich war: Der Song offeriert Resignation als eine intellektuelle Entscheidung und nicht, wie bisher, als eine emotionale Gegebenheit, gegen die man (singend) ankämpfen kann und muß.

Sonderbarerweise ist *Me and Bobby McGee* das populärste Lied von Janis Joplin geworden. Es scheint unmöglich, die Gründe dafür exakt zu benennen. Vielleicht waren es nur die eingängige Melodik und der weiche Folkklang, die *Me and Bobby McGee* zu einem Schlager machten.

Mercedes Benz singt Janis a capella, die Vortragsweise ist mit starkem Bluesfeeling durchtränkt. Der Text hat poetische Qualitäten. Als Autor wird zumeist Janis selbst genannt, aber auf dem Plattenetikett ist auch der Name des Lyrikers Michael McClure erwähnt. McClure gilt als einer der führenden Lyriker der Beat-Generation. Der Song ist ein freches Stoßgebet an den lieben Gott. Es ist eines der wenigen Lieder von Janis, die ironisch gemeint sind. Sie kündigt es auf der Platte mit folgenden Worten an: »Ich möchte gern ein Lied von großer sozialer und politischer Bedeutung singen.« Das ist gewiß ein Scherz, doch aus der Heftigkeit ihres Gesangs könnte man schließen, daß es auch dieses Mal für Janis blutiger Ernst sei. Aber am Schluß der Aufnahme ist ihr eigenartiges Kichern zu vernehmen, und darauf kann man sich wohl verlassen.

Janis bittet den lieben Gott, ihr einen Mercedes Benz zu schenken, denn die Freunde fahren alle Porsche. (Sie fuhr ja selbst einen popig angemalten Porsche!) Zu guter Letzt will sie noch in die Stadt eingeladen werden, und der liebe Gott soll die nächste Runde spendieren.

Schließlich befindet sich auf Pearl auch ein reines Instrumentalstück. Janis' langjähriger Freund Nick Gravenites hatte den Song *Buried Alive In The Blues* geschrieben, jedoch die Gesangsstimme konnte nicht mehr aufgenommen werden. Gravenites sprach im nachhinein von »der traurigsten Geschichte der Welt«.

Vorerst sah es ja eigentlich ganz anders aus. Glückseligkeit beherrschte die Szenerie. In Janis' Privatleben kündigte sich eine Veränderung an, die sie so lang ersehnt hatte. Im Juli hatte sie Seth Morgan, Sprößling einer sehr reichen New-Yorker Familie und Student im kalifornischen Berkeley, kennen und lieben gelernt. Janis hatte es erwischt, sie machte einen überglücklichen Eindruck, beide hatten die Absicht, so schnell wie möglich zu heiraten.

Das Ende der Plattenaufnahmen war in Sicht, und Janis freute sich auf eine Ferienreise mit ihrem zukünftigen Mann. Im Spätherbst wollte sie noch einmal auf eine große Tournee ge-

hen, um dann erheblich kürzer zu treten und ein richtiges Familienleben zu führen. Nahezu all ihre Freunde waren der Meinung, daß Janis wirklich glücklich war.

Und plötzlich ist alles vorbei

Am frühen Abend des 4. Oktober erhielt Roadmanager John Cooke von Seth Morgan einen Anruf im Landmark Hotel in Hollywood, wo die gesamte Musikermannschaft wohnte. Morgan war auf dem Flughafen von Los Angeles und hatte sich dort mit seiner Verlobten verabredet. Janis war aber nicht am Flughafen erschienen, auch im Schallplattenstudio war sie nicht zu erreichen. John Cooke versprach ihm, Janis zu suchen. Da er ihr Auto noch auf dem Hotelparkplatz stehen sah, ging Cooke zurück ins Hotel und betrat ihr Zimmer. Er fand Janis Joplin tot.

Der Gerichtsmediziner stellte als Todesursache eine Überdosis Heroin fest, fand aber auch Spuren von Alkohol im Blut, und ihre Leber war durch exzessiven Alkoholmißbrauch schwer geschädigt. Am linken Unterarm waren vierzehn frische Einstiche zu sehen, die bewiesen, daß Janis Joplin seit etwa sechs Wochen wieder Heroin gespritzt hatte.

Janis' letztem Willen gemäß wurde ihre Leiche verbrannt und die Asche vom Flugzeug aus an der kalifornischen Küste verstreut. Das Testament hatte sie nur wenige Tage vor ihrem Tod aufsetzen lassen. Ihren Freunden hinterließ sie 2500 Dollar, die sie ihr zu Ehren auf einer großen Party vertrinken sollten.

Die Nachrufe und Artikel, die nach ihrem Tod erschienen, legten auf die unterschiedlichste Weise Zeugnis von der Faszination der Frau und Künstlerin Janis Joplin ab. Warum sie mit 27 Jahren sterben mußte, war freilich nicht so leicht zu erklären. Ellen Willis schien der Wahrheit wohl am nächsten gekommen zu sein:

Janis Joplins Tod war, wie der des Boxers im Ring, nicht unbedingt ein Zufall. Aber es war zu einfach, ihn entweder als Mord oder als Selbstmord zu etikettieren, obwohl er Elemente von beiden enthält. Nennen wir es lieber ein Risiko, das zu dem Spiel gehörte, das sie wagte, ein Spiel, dessen oft leichtfertige Regeln einen todernsten Kampf sowohl verbargen als auch offenbarten.

*Die Form, die dieser Kampf annahm, war unvollständig, kurz-
sichtig, selbstgefällig, selbstzerstörerisch. Aber Überlebende,
die der Versuchung nachgehen, sich all dem überlegen zu fühlen, sind im Endeffekt nicht besser als die, die es romantisieren.
Janis war weniger Opfer als eine Verunglückte. Auf den Unter-
schied kommt es an.[9]*

Janis Joplin hatte den Blues — oder, weniger poetisch ausgedrückt, sie mußte schwere depressive Phasen durchstehen.
Aber das allein machte sie noch nicht zu etwas Besonderem.

Wie sie jedoch diese ungeheure Last durch ihr kurzes Leben
balancierte und zum Urgrund ihrer Kunst machte, das nötigt uns
alle Hochachtung ab und macht sie tatsächlich einzigartig. Gewiß gab es jede Menge Verrücktheiten und Leichtfertigkeiten in
ihrem Leben, aber sie hat auch immer gekämpft — am meisten
gegen sich selbst, doch ebenso gegen die widrigen Umstände,
und da konnte sie so manchen Sieg erringen. Sie hatte sich in
der Männerwelt des Rock 'n' Roll durchgesetzt, hatte ihre eigene Band und bestimmte, welche Lieder auf der Bühne gespielt wurden.

Doch die inneren Widersprüche, mit denen sie fertig werden
mußte, waren riesig — und schließlich unlösbar. Janis Joplin
konnte mit diesen Widersprüchen leben, solange sie dagegen
ankämpfte und sie zu lösen versuchte. In dem Moment, als sie
aufhörte zu kämpfen und sich in der Misere einrichtete, war sie
auf verlorenem Posten. Einige Leute, die sie lange und gut kannten, sagten ihr nach, daß sie kontinuierlich Selbstmord verübt
hätte. Diese Betrachtungsweise scheint sehr einseitig, denn Janis Joplin liebte das Leben, wenn auch auf sehr vertrackte Art
und Weise, und sie hat um ihr Leben hart gerungen.

Die eindringlichsten und erfolgreichsten Kämpfe wurden von
ihr auf der Bühne ausgefochten. Wie sie den Blues sang — herz-
zerreißend, qualvoll, erdrückend —, wird dank ihrer Schallplatten
unvergessen bleiben. Aber jedes Konzert hatte ein Ende, und
dann war die Einsamkeit wieder da: »Auf der Bühne schlafe ich
mit 25 000 Menschen, dann gehe ich allein nach Hause.«

Die Schauspielerin Geraldine Page sagte einmal über Janis,
daß »sie die einzige Künstlerin sei, die sie kenne, die alles geben
würde«.

Janis Joplins Tragik bestand darin, daß dieses wohl dem Publikum genügte (wie oft gab es sich schon mit viel weniger zufrieden), aber für Janis war *alles* noch viel zu wenig.

Die Platten von Janis Joplin, die nach ihrem Tod erschienen sind, zeugen alle von sehr viel Sorgfalt und Verantwortungsbewußtsein ihrer Schallplattenfirma Columbia. Das muß fast als eine Ausnahme gelten, denn von den meisten früh verstorbenen Rockstars wurde der Plattenmarkt nach ihrem Tod mit schlecht edierten Produkten überschwemmt, um noch ganz schnell den Restruhm auszukosten und ordentlich Geld zu machen. (Jimi Hendrix und Elvis Presley waren davon am ärgsten betroffen.)

1982 erst erschien FAREWELL SONG, vielleicht Janis' beste Platte, die postum veröffentlicht wurde. Sie ist mit einem sehr schönen Cover-Text von Country Joe McDonald versehen und enthält ausschließlich bis dahin unveröffentlichtes Material, das die ganze Zeitspanne ihrer so kurzen Karriere als Rocksängering umfaßt. Mit BIG BROTHER AND THE HOLDING COMPANY singt sie ein Medley, bestehend aus dem Traditional *Amazing Grace* und R. Higginbottoms Komposition *Hi Heel Sneakers*. Die anderen Songs mit dieser Band sind *Catch Me Daddy, Magic of Love, Misery'n* und *Harry* (ein geräuschvoller Studiogag). *Farewell Song,* aufgenommen am 13. April 1968 im Winterland, ist Janis' Abschiedgesang von BIG BROTHER, ja überhaupt ihr Abschied vom San Francisco Sound. Die KOZMIC BLUES BAND ist mit *Raise Your Hand* (mitgeschnitten während ihrer Europatournee) vertreten, und der Titel kann als Beweis dafür gelten, wie gut Janis während dieser Tournee in Form war. Mit FULL TILT BOOGIE singt Janis das sehr wilde *Tell Mama*. Musikalisch am eindrucksvollsten erscheint aber ein Sam-Gordon-Song, der am 28. 3. 1970 im Hollywooder Studio von Columbia mit der PAUL BUTTERFIELD BLUES BAND eingespielt wurde. Das Lied heißt *One Night Stand* (Eine-Nacht-Abenteuer) und beschreibt ziemlich exakt Janis' hektischen Lebens- und Liebesstil. Die Musik kommt mit einem atemberaubenden Drive daher, und mit den Bläserriffs befindet sich Janis in einem erstaunlichen musikalischen Kampf. Vielleicht wäre die hochkarätige PAUL BUTTERFIELD BLUES BAND, die zwar nie zu höch-

stem Ruhm im Rockgeschäft gekommen war, dafür aber hand-
werklich fast unerreichte Spitze darstellte, die ideale Band für
Janis gewesen.

Janis Joplin fand auf der Bühne keine Nachfolgerin – sie be-
gründete keine »Gesangsschule«. Vernünftigerweise wagte es

niemand, sich an diesem rigorosen Stil zu versuchen. Denn wer hätte das schon gekonnt!

Wenn Janis Joplins unmittelbarer Einfluß auf das Musikgeschehen auch gering war, so kann man doch ihre mittelbare Wirkung gar nicht hoch genug bewerten. Daß Frauen im Showbusiness mehr und mehr ihre Geschicke in die eigenen Hände nehmen, ist vornehmlich ihrem Beispiel zu danken. Eine leicht übers Ziel hinausschießende Nachfolgerin in diesem Sinn mag die Country-Sängerin Dolly Parton sein, die den Verpflichtungen ihres Musikerdaseins glänzend genügt, während ihr Mann Haus, Hof und die Kinder hütet. Die sich in den USA und Westeuropa in den siebziger Jahren stark verbreiternde feministische Bewegung hat sich Janis Joplin mit Recht zu einer ihrer Heldinnen auserkoren.

Die Songschreiber beiderlei Geschlechts würdigten Janis auf ihre Weise. Sie suchten ihr nicht musikalisch nachzueifern, setzten ihr aber mit ihren Liedern ein würdiges Denkmal. Joan Baez sang auf ihrer 1972 erschienenen LP den Song *In A Quiet Morning*. Joans Schwester Mimi Fariña hatte dieses Lied für Janis geschrieben. Joan Baez selbst zählt in ihrem eigenen Song *Children Of The Eighties* Janis Joplin — neben Bob Dylan, Jimi Hendrix, den BEATLES, den ROLLING STONES und den DOORS — zu den Hauptexponenten der sechziger Jahre. John Phillips von den MAMAS AND PAPAS schrieb den Song *Pearl,* die GRATEFUL DEAD gedachten Janis Joplins mit *Truckin',* und Dory Previn erinnerte mit dem Gedicht »A Stone for Bessie Smith« an Janis' Stiftung eines Grabsteines für diese Sängerin. Und Nona Hendryx schrieb den Song *Nightbird,* der mit folgenden Worten endet:

Flieg, Nachtvogel, flieg auf
Warum sollte der Himmel nicht dein Zuhause sein?
…Du fliegst ganz oben und bist ganz allein
Nachtvogel, flieg auf…

DISKOGRAPHIE

1968: Big Brother & The Holding Company Featuring Janis Joplin (Mainstream/London)
Bye Bye Baby — Easy Rider — Intruder — Light Is Faster Than Sound — Call On Me — Coo Coo — Woman Is Losers — Blindman — Down On Me — Caterpillar — All Is Loneliness — The Last Time

1968: Cheap Thrills — Big Brother & The Holding Company (CBS)
Combination Of The Two — I Need A Man To Love — Summertime — Piece Of My Heart — Turtle Blues — Oh, Sweet Mary — Ball And Chain

1969: I Got Dem Ol' Kozmic Blues Again, Mama! (CBS)
Try — Maybe — On Good Man — As Good As You've Been To This World — To Love Somebody — Kozmic Blues — Little Girl Blue — Work Me, Lord

1970: Pearl — Janis Joplin/Full Tilt Boogie (CBS)
Move Over — Cry Baby — A Woman Left Lonely — Half Moon — Buried Alive — In The Blues — My Baby — Me & Bobby McGee — Mercedes Benz — Trust Me — Get It While You Can

1972: Joplin In Concert (CBS/Doppelalbum) mit Big Brother & The Holding Company:
Down On Me (The Grande Ballroom, Detroit, 2. 3. 68) — Bye Bye Baby (Winterland, San Francisco, 12. 4. 68) — All Is Loneliness (Fillmore West, San Francisco, 4. 4. 70) — Piece Of My Heart

(The Grande Ballroom, Detroit, 2. 3. 68) — Road Block (The Carousel Ballroom, San Francisco, 23. 6. 68) — Flower In The Sun (The Carousel Ballroom, San Francisco, 23. 6. 68) — Summertime (The Carousel Ballroom, San Francisco, 23. 6. 68) — Ego Rock (Fillmore West, San Francisco, 4. 4. 70)
mit Full Tilt Boogie Band:
Half Moon (Toronto, 28. 6. 70) — Kozmic Blues (Toronto, 28. 6. 70) — Move Over — Try (Just A Little Bit Harder) — Get It While You Can — Ball And Chain (alle Calgary, 4. 7. 70)

1973: GREATEST HITS (CBS)
Piece Of My Heart (mit Big Brother) — Summertime (mit Big Brother) — Try (Just A Little Bit Harder) (mit Kozmic Blues Band) — Cry Baby (mit Full Tilt Boogie Band) — Me And Bobby McGee (mit Full Tilt Boogie Band) — Down On Me (mit Big Brother) — Get It While You Can (mit Full Tilt Boogie Band) — Bye Bye Baby (mit Big Brother) — Move Over (mit Full Tilt Boogie Band) — Ball And Chain (mit Full Tilt Boogie Band)

1975: JANIS — SOUNDTRACK OF THE MOTION PICTURE (CBS, Doppelalbum)
Mercedes Benz (mit Full Tilt Boogie Band; Ausschnitt aus der LP »Pearl«) — Ball And Chain (mit Kozmic Blues Band, live in Frankfurt 1969) — Rap On — Try (Just A Little Bit Harder) (mit Full Tilt Boogie Band, live in Toronto 1970) — Summertime (mit Kozmic Blues Band, live in Frankfurt 1969) — Albert-Hall-Interview, 1969 — Cry Baby (mit Full Tilt Boogie Band; Ausschnitt aus der LP »Pearl«) — Move Over (mit Full Tilt Boogie Band; live in der Dick Cavett TV-Show, 1970) — Dick Cavett TV-Interviews (mit Janis Joplin in seiner TV-Show 1970) — Piece Of My Heart (mit Big Brother; Ausschnitt aus der LP »Cheap Thrills«) — Port Arthur High School Reunion (Ausschnitt aus einer TV-Reportage der KJAC-TV-Station, Port Arthur, 1969) — Maybe (mit Kozmic Blues Band, live in Frankfurt, 1969) — Me And Bobby McGee (mit Full Tilt Boogie Band; Ausschnit aus der LP »Pearl«, 1970)
Frühe Live-Aufnahmen (1962—65):
Trouble In Mind — What Good Can Drinkin' Do — Silver Threads

And Golden Needles — Mississippi River — Stealin' — No Reason For Livin' — Black Mountain Blues — Walk Right In — River Jordan — Mary Jane — Kansas-City-Blues — Daddy, Daddy, Daddy — C. C. Rider — San Francisco Bay Blues — Winin' Boy — Careless Love — I'll Drown In My Own Tears

1979: JANIS JOPLIN (Amiga)
Move Over — Half Moon — Cry Baby — Me And Bobby McGee — Mercedes Benz — Down On Me — Bye Bye Baby — Get It While You Can — Ball And Chain

1980: JANIS JOPLIN — ANTHOLOGY (CBS, Doppelalbum)
Piece Of My Heart (mit Big Brother) — Summertime (mit Big Brother) — Maybe (mit Kozmic Blues Band) — Try (Just A Little Bit Harder) (mit Kozmic Blues Band) — To Love Somebody (mit Kozmic Blues Band) — Move Over (mit Full Tilt Boogie Band) — Half Moon (mit Full Tilt Boogie Band) — Cry Baby (mit Full Tilt Boogie Band) — Me And Bobby McGee (mit Full Tilt Boogie Band) — Mercedes Benz (mit Full Tilt Boogie Band) — Down On Me (Mit Big Brother) — Bye Bye Baby (mit Big Brother) — Ball And Chain (mit Full Tilt Boogie Band)

1982: JANIS JOPLIN — FAREWELL SONGS (CBS)
Tell Mama (mit Full Tilt Boogie Band, live aufgenommen während des Canadian Festival Express, Toronto, 28. 6. 70) — Magic Of Love (mit Big Brother, live aufgenommen in The Grande Ballroom, Detroit, 1. 3 68) — Misery'n (mit Big Brother, aufgenommen in den Columbia Studios, New York, 1. 4. 68) — One Night Stand (mit Paul Butterfield Blues Band, aufgenommen in den Columbia Studios, Los Angeles, 28. 3. 70) — Harry (mit Big Brother, aufgenommen in den Columbia Studios, New York, Juni 1968) — Raise Your Hand (mit Kozmic Blues Band, live aufgenommen in Frankfurt, 12. 4. 69) — Farewell Song (mit Big Brother, live aufgenommen im Winterland, San Francisco, 13. 4. 68) — Amazing Graze/Hi Heel Sneakers-Medley (mit Big Brother, live aufgenommen in The Matrix, San Francisco, 31. 1. 67) — Catch Me Daddy (mit Big Brother, aufgenommen in den Columbia Studios, New York, 4. 1. 68)

QUELLEN DER ZITATE

VORWORT

1. zitiert nach Marianne Sinclair: Wen die Götter lieben, Rowohlt, Reinbek 1984
2. Tennessee Williams: Glasporträt eines Mädchens, Aufbau, Berlin 1976

EINE JUGEND IN TEXAS

1. zitiert nach David Dalton: Janis, Simon and Schuster, New York 1972
2. zitiert nach Myra Friedman: Buried Alive, Plexus, London 1984
3. Jakob Holt: Amerikanische Bilder, Volk und Welt, Berlin 1980
4. zitiert nach Deborah Landau: Janis Joplin: Her Life and Times, Warner Paperback, New York 1971
5. Jack Kerouac: Gammler, Zen und hohe Berge, Rowohlt, Reinbek 1963
6. zitiert nach John Tytell: Naked Angels — the Lives & Literature of the Beat Generation, New York 1976
7. zitiert nach David Dalton: Janis, a. a. O.
8. zitiert nach Myra Friedman: Buried Alive, a. a. O.
9. zitiert nach David Dalton: Janis, a. a. O.
10. zitiert nach Arrigo Pollilo: Jazz, München 1981
11. zitiert nach Myra Friedman: Buried Alive, a. a. O.
12. a. a. O.
13. zitiert nach David Dalton: Janis, a. a. O.
14. zitiert nach Myra Friedman: Buried Alive, a. a. O.

UNTERWEGS OHNE ZIEL

1. zitiert nach Theo Lehmann: Blues & Trouble, Lied der Zeit, Berlin 1980
2. a. a. O.
3. a. a. O.
4. David Dalton: Janis, a. a. O.
5. Myra Friedman: Buried Alive, a. a. O.
6. zitiert nach David Dalton: Janis, a. a. O.
7. a. a. O.
8. zitiert nach Myra Friedman: Buried Alive, a. a. O.
9. a. a. O.
10. a. a. O.

IM GELOBTEN LAND

1. zitiert nach Myra Friedman: Buried Alive, a. a. O.
2. zitiert nach Walter Hollstein: Der Untergrund, Neuwied, Berlin (West) 1969
3. zitiert nach Walter Hollstein: Die Gegengesellschaft, Rowohlt, Reinbek 1981
4. Eldridge Cleaver: Seele im Feuer, Telos, München 1977
5. Eldridge Cleaver: Seele auf Eis, Carl Hanser, München 1969
6. Lester Bangs: Die britische Invasion in Rolling Stone, Rowohlt, Reinbek 1979
7. Eldridge Cleaver: Seele auf Eis, a. a. O.
8. a. a. O.
9. zitiert nach David Dalton: Janis, a. a. O.
10. a. a. O.
11. zitiert nach Myra Friedman: Buried Alive, a. a. O.
12. a. a. O.
13. Covertext: Big Brother and the Holding Company, Mainstream Records, Chicago 1968

GESANG WIE EIN HILFESCHREI

1. Covertext: Farewell Song, CBS 1982
2. Barry Graves/Siegfried Schmidt-Joos: Rock-Lexikon, Rowohlt, Reinbek 1975
3. zitiert nach David Dalton: Janis, a. a. O.
4. Covertext: Farewell Song, CBS, 1982

5. zitiert nach David Dalton: Janis, a. a. O.
6. Gary Herman: Rock 'n' Roll Babylon, Wilhelm Heyne Verlag, München 1984
7. zitiert nach Thomas Dittrich in Idole 6, Ullstein, Frankfurt/M. 1985
8. Covertext: Cheap Thrills, CBS 1968
9. Nik Cohn: AWopBopaLooBopALopBamBoom, Rowohlt, Reinbek 1971
10. Nik Cohn: AWopBopaLooBopALopBamBoom, a. a. O.
11. zitiert nach David Dalton: Janis, a. a. O.
12. Schallplatte: Janis, CBS 1975
13. Schallplatte: Janis Joplin, AMIGA 1979
14. David Dalton: Janis, a. a. O.
15. a. a. O.
16. a. a. O.
17. a. a. O.
18. Myra Friedman: Buried Alive, a. a. O.

A STAR IS BORN

1. Nik Cohn: AWopBopaLooBopAlopBamBoom, Rowohlt, Reinbek 1971
2. Norman Mailer: Nixon in Miami und die Belagerung von Chicago, Rowohlt, Reinbek 1969
3. zitiert nach Myra Friedman: Buried Alive, a. a. O.
4. zitiert nach Anthony Scaduto: Bob Dylan – Eine indiskrete Biografie, Zweitausendundeins, Frankfurt/M. 1976
5. zitiert nach Myra Friedman: Buried Alive, a. a. O.
6. a. a. O.
7. zitiert nach Clive Davis, James Willwerth: Inside The Record Business, New York 1974
8. zitiert nach David Dalton: Janis, a. a. O.
9. Ellen Willis: Janis Joplin, in Rolling Stone, a. a. O.
10. zitiert nach David Dalton: Janis, a. a. O.
11. a. a. O.
12. a. a. O.
13. a. a. O.
14. Ulrich Olshausen: Janis Joplin, in Frankfurter Allgemeine, 1969

EIN STÜCK VON MEINEM HERZEN

1. William Hedgepeth: Janis Joplin und die neue Sprache in DIG – Neue Bewußtseinsmodelle, Frankfurt/M. 1970
2. zitiert nach Walter Hollstein: Die Gegengesellschaft, a. a. O.
3. LeRoi Jones: Blues People, New York 1963
4. zitiert nach Alain Dister: Frank Zappa, Wilhelm Heyne, München 1980
5. William Burroughs: Naked Lunch, Zweitausendundeins, Frankfurt/M. 1976
6. zitiert nach Myra Friedman: Buries Alive, a. a. O.
7. a. a. O.

PEARL – EIN LETZTER SONG ZUM ABSCHIED

1. zitiert nach David Dalton: Janis, a. a. O.
2. a. a. O.
3. a. a. O.
4. a. a. O.
5. Jerry Hopkins, Daniel Sugarman: Keiner kommt hier lebend heraus, Maro-Verlag, Augsburg 1981
6. David Dalton: Janis, a. a. O.
7. Myra Friedman: Buried Alive, a. a. O.
8. a. a. O.
9. Ellen Willis: Janis Joplin, in Rolling Stone, a. a. O.
10. zitiert nach Aida Pavletich: Rock-A-Bye, Baby, Doubleday, New York 1980

AUSSERDEM VERWENDETE LITERATUR

Albertson, Chris: Bessie. New York 1972.

Archer, Robyn; Simmonds, Diana: A Star is Born. London 1986.

Bogle, Donald: Brown Sugar. New York 1980.

Boorstin, Daniel J.: Das Image. Reinbek 1964.

Caserta, Peggy: Going Down with Janis. New York 1973.

Chapple, Steve; Garofalo, Reebee: Wem gehört die Rockmusik. Reinbek 1977.

Dickstein, Morris: Gates of Eden. New York 1977.

Eisen, Jonathan (ed.): The Age of Rock. New York 1970.

Eliade, Mircea: Schamanismus und archaische Ekstasetechnik. Frankfurt/M. 1978.

Frith, Simon: The Sociology of Rock. London 1978.

Foucault, Michel: Wahnsinn und Gesellschaft. Frankfurt/M. 1978.

Gillett, Charles: The Sound of the City. London 1971.

Guralnick, Peter: Feel Like Going Home. New York 1971.

Holiday, Billie: Lady Sings the Blues. London 1973.

Huxley, Aldous: Die Pforten der Wahrnehmung. München 1970.

Jahn, Mike: Rock. From Elvis Presley to the Rolling Stones. New York 1973.

Jones, LeRoi: Blues People. New York 1963.

Laing, Ronald D.: Das geteilte Selbst. Reinbek 1976.

Landy, Elliot: Woodstock-Vision. Reinbek 1984.

Lasch, Christopher: Das Zeitalter des Narzißmus. München 1982.

Greil, Marcus: Mystery Train. Reinbek 1981.

Meltzer, R.: The Aestetics of Rock. London 1970.

Milford, Nancy: Zelda. München 1975.

Palmer, Tony: All You Need is Love. München/Zürich 1977.

Pavletich, Aida: Sirens of Song. New York 1980.

Pollock, Bruce: When the Musik Mattered. New York 1983.

Riesman, David: Die einsame Masse. Reinbek 1958.

Rivelli, Pauline; Levin, Bob: Rock Giants. New York 1970.

Röhrling, Helmut: Wir sind die, vor denen uns unsere Eltern gewarnt haben. Berlin (West) 1980.

The Rolling Stone Interviews Vol. 1. New York 1971.

The Rolling Stone Interviews Vol. 2. New York 1973.

Roszak, Theodore: Gegenkultur. Düsseldorf/Wien 1971.

Salzinger, Helmut: Rock Power. Frankfurt/M. 1972.

Sanders, Ed: The Family. München 1974.

Santelli, Robert: Sixties Rock. Chicago 1985.

Schmidt-Joos, Siegfried (Hg.): Idole 6. Frankfurt/M. 1985.

Schmidt-Joos, Siegfried (Hg.): Let it Bleed. Frankfurt/M. 1984.

Sugarman, Shirley: Narzißmus als Selbstzerstörung. Freiburg 1979.

Thompson, Hunter S.: Seltsame Berichte aus einer seltsamen Zeit. Frankfurt/M. 1982.

Weimann, Robert: Allen Ginsberg und das geschlagene Glück Amerikas. In: Sinn und Form 17. Berlin 1965.

PERSONENREGISTER

FOTONACHWEIS

CBS (4); Elliot Landy (4); Jim Marshall (2); Herb Green (3);
Baron Wolman (2); Archiv des Autors (15).